U0135436

东周遗珍

——春秋战国水晶玛瑙佩饰

王炜 著

广西美术出版社

前　言

　　一部珠玉集，半部先秦史。纵观东周时期珠玉佩饰的演化脉络，整个过程都是交织在各种历史传奇和社会变迁中，在某些层面上它蕴含了这个时代的民族气节与制度沿革，并且在中国的文字里面"玉"的名称以及与"玉"相关的字和词也不计其数，可见珠玉在中国历史文化长河中的重要角色。鉴定一件东西，一定要了解它的制作工艺，收藏一件东西，必须要了解它制作年代的历史文化背景，没有这些背后的历史文化知识，那么它们就只是一些年代古老的圈圈环环、珠珠蛋蛋而已。脱离了历史文化背景的收藏是没有灵魂的。

　　我们考证某一个时期的文物一定要代入到当时的历史背景和文化氛围中去，尽最大可能的去参阅同时期的文献资料或者与之临近时代的文献，否则很容易差之毫厘，谬之千里。

　　举个例子，"买椟还珠"故事中的"珠"，现代的解释是珍珠。这个解释一方面是为了便于今人的理解，另一方面无形中掺杂了后期文人对于珠宝财物的价值观。唐宋之后的文人白姓提到珍贵的珠子第一反应就是珍珠，这种理念对于考证还原历史会产生一定的误导。考证历史文化的时候，考古发掘相当于当事者自述，同时期史料记载相当于目击者转述，后期野史则相当于社会流言。所以我们在推论"买椟还珠"中的珠子的材质的时候一定要代入到这个故事的历史背景和同时期墓葬和遗址的考古发掘这两个方面中去寻找答案，用第一证据去考证，而不是去参阅后期野史。买椟还珠的故事发生在春秋战国时期，卖家是一个楚国人，这点很重要，我们把目光投向春秋战国时期的楚地遗址和墓葬的考古发掘中会发现：珍珠在同时期楚墓和遗址的考古发掘中发现的比率小到几乎可以忽略，同时满足具有楚国特色，又价值昂贵，而且占有一定出土比率这三个条件的珠子第一是蜻蜓眼琉璃珠，然后是水晶珠和玛瑙珠，玉珠子偶有个例，数量较少，所以买椟还珠故事中的"珠"其材质的大概范围是蜻蜓眼琉璃珠、水晶珠、玛瑙珠和玉珠。珍珠的可能性微乎其微。笔者更倾向于是蜻蜓眼琉璃珠，因为蜻蜓眼琉璃珠除了在楚国墓葬考古发掘中出现的频率较高之外，更是曾、楚文化的一种具有代表性的珍贵艺术品。

　　再比如，成书于西汉时期的《盐铁论·散不足》中记载："一杯棬用百人之力，一屏风就万人之功"；"夫一文杯得铜杯十"。（"文"通"纹"）文中说汉代一件有纹饰的漆器耳杯其价值可抵青铜耳杯十件，这是因为在汉代制作一件漆器的工艺程序非常复杂，除了需要制作竹、木、夹纻胎胎体之外，还要反复髹漆数遍，每次髹漆之后都要等第一遍晾干才能涂下一遍，耗费时间长，还要涂抹找平，最后再描绘纹饰。有些高等级的漆器还采用了"金银平脱技术"，用金丝和银箔剪裁成各种精美的纹饰图案，用胶漆粘贴，然后髹漆数重，后细加研磨，使金银纹饰露出。西汉中期以后，流行在漆器口部嵌套纯银的口沿，在耳杯的双耳上镶鎏金的铜壳，这便是所谓"银口黄耳"。但是从同时期墓葬中出土的青铜耳杯则多数为薄胎素体一次性铸造而成。在这种情况下，"一文杯得铜杯十"是没有疑问的，但是如果我们用这个时期的漆器与青铜器的价值对比去推理商周时期的漆器与青铜器的价值高低，那将大错特错。

又例如，商代至西周时期铜被称为"吉金"，后来干脆用"金"替代，这个时期频繁出现在铭文中的"金"指的就是铜。到汉代的时候，金饼流通天下，金特指的就是黄金，在铜镜上出现了"汉有善铜出丹阳……"的铭文，陕西茂陵附近的祔葬墓中也出土了自带铭文"阳信家铜杯"和"阳信家铜炉"的铜器，说明这时期已经区分开了铜与金的称呼。汉代是一个文字、度量衡等各方面都大一统的时代，不会出现一种物质两种名称相互混淆使用的情况，如果把汉代文献中出现的"金"继续释读为铜，这也是不科学的。差之毫厘，谬之千里。

所以本书对东周时期的水晶、玛瑙佩饰的研究与推理，都是尽最大可能采用同时期的文史资料去考证，在实在无史可查的时候也尽量采用与之年代接近的时期的文献资料。

历史上关于工艺方面的记载，多数都是执笔者对制作者工艺流程的间接描述，这其中除考验执笔者的文字表达能力之外，还有一个古今汉语在意思上的差异，加上历朝历代转抄过程中的笔误和删改，很多时候会导致一些不必要的错误。在缺乏制作作坊遗址的情况下，制作物上残存的工艺痕迹则成了超越史料记载的第一手证据。例如徐州和永城地区的西汉时期开凿在石头山体里面的诸侯王陵墓，当时如何开凿以及开凿难度和进度等问题，我们翻阅各类史料都难以得出一个明确的结论，但是事实上这两地的岩洞墓中有很多未完工的墓室，上面的凿痕反倒是更能直接地看出当时的开凿速度，每一凿痕的进度和石块崩掉的块度都是最真实最详细的第一手实物证据。

鉴于此，本书中更多的是直接依据器物上残存的痕迹来做出诸多的推论。在此与广大读者共勉。

王炜

2020年7月6日

目　录

○ 第一章

玛瑙、水晶及其成矿原理

第一节　玛瑙以及玛瑙的种类

玛瑙也作"码瑙""马瑙""马脑"等，是玉髓类矿物的一种，经常混有蛋白石和隐晶质石英的纹带状块体，摩氏硬度6.5—7，比重2.65，色彩相当有层次。有半透明或不透明的。原形态三方晶系。常呈致密块状，形成有各种构造，如团块状、葡萄状、圆管状等，常见的为同心圆构造。具有很多种颜色，通常有红、黄、褐、黑、白等颜色。表面平坦光滑，玻璃光泽；有的较凹凸不平，蜡状光泽。质硬而脆，易击碎，崩裂面可见到以受力点为圆心的同心圆波纹，似贝壳状。具锋利棱角，可刻划玻璃并留下划痕。无臭，味淡。迅速摩擦不易热。

玛瑙主要成分为二氧化硅，由于与水化二氧化硅（硅酸）交替而常重复成层。因其夹杂不同的氧化金属离子，颜色可从极淡色以至暗色。[①]（图1）

图1　常见的各种玛瑙矿石

---

① 陶明、徐海军：《玛瑙的结构、水含量和成因机制》，《岩石矿物学杂志》2016年第2期。

有个关于玛瑙的神话传说：爱和美的女神阿芙洛狄忒，躺在树荫下熟睡时，她的儿子爱神厄洛斯，偷偷地把她闪闪发光的指甲剪下来，并欢天喜地拿着指甲飞上了天空。飞到空中的厄洛斯，一不小心把指甲弄掉了，而掉落到地上的指甲变成了石头，就是玛瑙。因此有人认为拥有玛瑙，可以强化爱情，调整自己与爱人之间的感情。在日本的神话中，玉祖栉明玉命献给天照大神的，就是一块月牙形的绿玛瑙，这也是日本三种神器之一。《西阳杂俎》中亦有"玛瑙，鬼血所化也"，给玛瑙增添了几分奇诡之色。

古代玛瑙各种神奇的传说，使玛瑙几千年来备受人们的推崇和爱戴。因为玛瑙具有美丽的外表和坚韧的质地，人们把它做成装饰品和实用品。玛瑙是已知的最古老的玉石之一，这一点从玛瑙广泛用于古代中国人以及古苏美尔人和埃及人的护身符、容器及装饰件中都可以得到证明。在罗马时代，玛瑙阴雕（凹面雕刻）图章和戒指特别受人们的垂青。玛瑙是《圣经》中记载的"火之石"之一（《旧约》）。《圣经》中有把玛瑙赠予摩西和亚伦，在胸甲上佩戴的记载（《出埃及记》）。红条纹玛瑙是耶路撒冷城墙地基石所用到的十二种宝石之一（《启示录》）。根据早期作家Caesurae主教安德鲁的解释，耶路撒冷十二种宝石分别象征十二个基督传教士，红条纹玛瑙象征的是詹姆士传教士。

在西方魔法里，人将自己的愿望写在一张纸上，折叠包妥，静心冥想过后，再放入玛瑙聚宝盆内，放一天一夜，让能量在其中激荡强化，取出后，将之火化烧掉，借助火的力量，能将人的愿望传入自然界，多能心想事成。

在中国，玛瑙更是贯穿了整个中华文明史。东周时期玛瑙制作的佩饰及珠饰与玉器组成了象征身份等级的组佩。同时玛瑙也是佛教七宝之一，自古以来一直被当作辟邪物、护身符使用，象征友善的爱心和希望。在佛教传入中国以前，并没有"玛瑙"这个称呼，玛瑙最初称"马脑"，最早见于后汉安世高所译的《阿那邠邸化七子经》一书。后秦时鸠摩罗什译《妙法莲华经》称："马脑，梵云遏湿摩揭婆"，"色如马脑，故从彼名"。唐代高僧慧琳著《一切经音义》解释称："'阿湿缚'（Asmar-）者，此云'马'也，'揭波'者（-garbha），脑也。"

还有说法称，三国时期曹丕同父亲曹操北征乌桓，当地的人进贡玛瑙勒一件，曹丕见制作精致，美轮美奂，高兴之余便挥笔写下《玛瑙勒赋》，并在序中说："玛瑙，玉属也，出自西域，文理交错，有似马脑，故其方人因以名之。或以系颈，或以饰勒。余有斯勒，美而赋之。命陈琳、王粲并作。"②

有学者分析认为玛瑙出自西域，因为当时我国所开采的数量有限，大多是来自西域的印度、波斯等国的贡品，这些贡品常常是人们认识这种宝贝的重要途径。自佛经传入中国

---

② 《玛瑙勒赋》：有奇章之珍物，寄中山之崇冈。禀金德之灵施，含白虎之华章。扇朔方之玄气，喜南离之焱阳。歙中区之黄采，曜东夏之纯苍。苞五色之明丽，配皎日之流光。命夫良工，是剖是镌。追形逐好，从宜索便。乃加砥砺，刻方为圆。沈光内灼，浮景外鲜。繁文缛藻，交采接连。[奇章异采，灼烁其间。]嘉镂锡之盛美，感戎马之首饰。图兹物之攸宜，信君子之所服。尔乃藉彼朱蔋，华勒用成。骈居列時，焕若罗星。《北堂》误截数语，蒙作陈琳，今合《艺文》《御览》正之。

图2　南京地区的雨花石也是玛瑙的一种

后，翻译人员考虑到"马脑属玉石类"，于是巧妙地译成"玛瑙"。

在此，笔者并不认同这个观点，需要注意的是，曹丕在《玛瑙勒赋》的序中提到"玛瑙，玉属也，出自西域……"其意思可能是单独指此件玛瑙勒出自西域，并非说所有玛瑙矿石和其他玛瑙制品都是出自西域，因为玛瑙矿石并不是特别稀有的东西，在我们国家几乎各个地区都有产出，其中比较大的产地有云南、黑龙江、辽宁、河北、新疆、宁夏、内蒙古等省区，尤其是在西北地区的戈壁滩上，玛瑙矿石是一种比较常见的半宝石，南京六合、山东安丘、江苏仪征、江西金溪、江苏镇江、河南南阳、湖北宜昌等地的玛瑙各具特色，就连南京雨花石也是玛瑙的一种（图2），玛瑙这种矿产几乎是遍布全国各地。并且在汉代之前就已存在大量产地非西域的玛瑙制品，这种特殊的矿产由最初旧石器时代开始到今天为止，从最初的砍砸器工具到佩饰，在人类的进化史和文明史中碰撞交织了上百万年。

汉代文献提到玛瑙出自西域的另外一层含义则有可能是指随着陆上丝绸之路的打通，由印度、中亚乃至西亚地区沿着河西走廊贸易过来的成品玛瑙珠饰。因为随着我国近代考古事业的发展，在汉墓中发掘出土了不少来自以上区域的玛瑙珠饰。

综上所述，"玛瑙"这一称呼是随着佛教传入中国之后才被定义命名的。那么在先秦时期玛瑙这类矿石是如何称呼的？因为秦始皇的焚书坑儒和秦汉战争的战火导致大量先秦典籍被毁，所以难以作出准确定义，依据考证，玛瑙极有可能是《诗经》中提到的

"琼"，《后汉书·东夷列传》中的赤玉则可能指的是红色玛瑙。由于佛教于汉代时传入中国，对中华文化产生深远影响，因此汉之后"琼"和"赤玉"等名字也逐渐被"玛瑙"所替代。

玛瑙的种类非常多，按照结构来分可以分为带状玛瑙、水草玛瑙、葡萄玛瑙、管状玛瑙、缟玛瑙以及近些年进入大众视线的糖心玛瑙和筋脉玛瑙等。葡萄玛瑙（图3、图4）和管状玛瑙顾名思义，因为其外形分别酷似葡萄和圆管形而得名。缟玛瑙具有较窄、细如发丝的纹理结构，等同于缠丝玛瑙，其中又包含红缟玛瑙。带状玛瑙则是纹理较宽，呈带状结构的玛瑙。（图5）水草玛瑙是特指一种内含有水草状包含物的玛瑙，因为其纹路婀娜多姿、蜿蜒游荡，形似荡漾在水底的水草而得名，颜色以绿色为主，因为包含的矿物质成分不同和受风化程度不等，也有其他颜色存在。（图6）筋脉玛瑙产于戈壁荒漠深处，主要产自内蒙古阿拉善一带，与之毗邻的新疆地区和蒙古国的戈壁中也有少量。因为特殊的成矿环境，其表面形成各种自然纹路，酷似人体筋脉，由此而得名。糖心玛瑙是从戈壁滩上基岩中风化出来的一种玛瑙矿石，多数中间带糖色，有的表面带花点，多数呈圆球形。（图7）

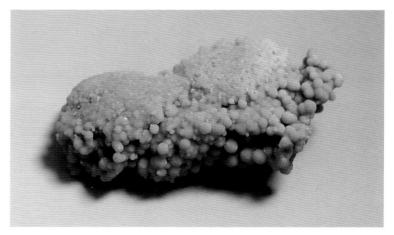

图3 葡萄玛瑙

图4 葡萄状玛瑙原矿

图5 带状玛瑙与缠丝玛瑙

图6 产自辽宁的水草玛瑙原矿

图7　产自阿拉善戈壁地区的筋脉玛瑙和糖心玛瑙

　　玛瑙按照产地来分可以分为阿拉善玛瑙、阜新玛瑙、盐源玛瑙、巴塔哥尼亚玛瑙、巴西玛瑙、马达加斯加玛瑙、保加利亚玛瑙、乌拉圭玛瑙等，实际上世界各地都有玛瑙矿石产出，这是一种产地范围较广的半宝石矿物。（图8）

　　按照颜色来分，玛瑙可分为红玛瑙、蓝玛瑙、黑玛瑙、白玛瑙、绿玛瑙、冰糖玛瑙、黄玛瑙，等等。颜色质地单一的玛瑙有时候也被称之为"玉髓"，比如红色的被称为红玉髓，蓝色的被称为蓝玉髓，绿色的被称为绿玉髓。本书中介绍的东周时期的玛瑙佩饰则多是由白色玛瑙、透明玛瑙（玉髓）和红色玛瑙制成。（图9）

图8　产自非洲马达加斯加地区的玛瑙卵石

图9　产自辽宁北票地区的红缟玛瑙原矿

第二节　玛瑙的成矿原理

　　因为很多玛瑙矿生成于火山岩中，所以玛瑙的成矿原理很多人理解为火山岩浆成矿，这种观点是错误的，火山岩浆高温黏稠，里面含有大量气体，喷出后形成的岩石多为多孔构造，典型案例就是玄武岩、浮石这类岩石。岩浆中会形成黑曜石，但是形成不了玛瑙，玛瑙的形成跟水离不开关系，它是火山活动的后期产物，火山活动后期产生的热液因为其在地下很深的岩层深处，压强很大，所以可以达到六七百摄氏度而不沸腾。众所周知，任何物质的溶解度都会随着温度的升高而升高，如此高温的热液中溶解了浓度相对较高的二氧化硅，高温热液在流动的过程中会随着离开热源距离的延长或者压力的减小而降温，温度的下降会导致热液中二氧化硅的溶解度降低而形成一些二氧化硅胶体，当这些二氧化硅胶体侵入火山爆发形成的玄武岩孔洞或者岩层裂隙中的时候，就会在岩体孔洞或者断裂的缝隙中开始结晶，隐晶质石英（也就是玛瑙）开始由外而内一层层形成。这点比较有意思，也就是说玛瑙的生长"年轮"与树木的年轮方向相反，它是先形成外壳，再逐步一层层向内生长填实，玛瑙矿石的外层形成时间早于内层。

　　不同种类的玛瑙颜色的形成与玛瑙本身所包含的微量化学元素和矿物成分密切相关，如铁、锰、铝、钛等微量元素以及绿泥石、赤铁矿、钠云母、铁锰质等矿物，其中单是不同化合价的铁离子就会导致呈现出好几种色彩。（图10）

图10　各类颜色的玛瑙矿石

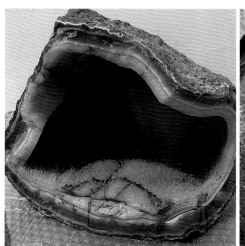
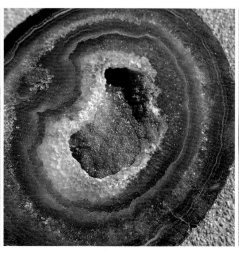

图11　玛瑙中的水晶洞

图12　产自摩洛哥地区的玛瑙化的贝类与螺类化石

如果玛瑙在成矿的过程中发生小型的地质活动导致热液流经的岩层断裂，高温热液会携带不同的金属离子和矿物进来，于是这些物质混合在二氧化硅中一起由外而内一层层包裹，最终形成了不同颜色的玛瑙纹理。

在富含二氧化硅的热液中，二氧化硅会稳定地不断结晶为隐晶质石英，到热液活动后期，流动的热液中的二氧化硅和微量元素浓度逐渐降低，当降到临界值以下，隐晶质石英停止生长，晶质石英开始从二氧化硅浓度较低的热液中结晶，于是就形成了玛瑙中心无色透明的水晶洞。（图11）

需要注意的是，玛瑙的形成不一定全都是在火山岩中，它可以形成于热液流经的任何岩体中，包括沉积岩，前提是这种岩体恰好有因地质活动产生的断裂或者孔洞。很多玛瑙化的动植物化石就是这种情况，热液渗进沉积岩中动植物腐烂后残留的空腔里，发生了交代充填硅化，比较典型的就是缅甸的树化玉和摩洛哥地区玛瑙化的贝类与螺类化石。（图12）

11

第三节 水晶以及水晶的种类

　　水晶古称"水玉""水精"。属于半宝石的一种，石英结晶体，在矿物学上属于石英族。摩氏硬度7，无解理，熔点为1713℃，贝壳状崩口，密度2.66（0.03，0.02）g/cm³，根据内部包含物和微量元素的高低，密度会有极其微小的变化。水晶具有可使压力与电荷相互转移的性能，称压电性。主要化学成分是二氧化硅，化学式为SiO_2，含Si—46.7%，O—53.3%。二氧化硅结晶完美的就是水晶；结晶不完美的就是石英：二氧化硅胶化脱水后就是玛瑙；二氧化硅含水的胶体凝固后就成为蛋白石；二氧化硅晶粒小于几微米时，就形成玉髓、燧石、次生石英岩。

　　水晶晶体属三方晶系，结晶良好的水晶晶体常呈六棱柱状晶体，柱面横纹发育，柱体为一头尖或两头尖，多条长柱体联结在一块，通称"晶簇"，美丽而壮观，形状可谓是千姿百态。除了常见的长柱状外，还有的似宝剑形，有的若板状，有的如短柱形，有的像双锥，有的为多个双锥聚合成一个整体。（图13、图14）

　　水晶单晶体的体积有的小如米粒，有的大如巨石；有的不足半两，有的重达数吨。水晶纯净时形成无色透明的晶体，当含微量元素时呈粉色、紫色、黄色、茶色等。包含物有针铁矿、赤铁矿、金红石、磁铁矿、电气石、石榴石、云母、绿泥石等，例如发晶和绿幽灵，由金红石、电气石、绿泥石等成分组成。[③]

图13　六棱柱双锥水晶原矿

图14　鳄皮水晶，这是由多个双锥聚合成的整体原矿

---

③　天然宝石专题，国家岩矿化石标本资源共享平台。

1. 水晶的传说

水晶的英文名称为Rock Crystal，是根据希腊文Krystallos演变而来的，其含义为"洁白的冰"，形象地刻画了水晶清亮、透彻的外观。古往今来，世界上最纯净的东西莫过于水晶。它常被人们比作贞洁少女的泪珠，夏夜天穹的繁星，圣人智慧的结晶，大地万物的精华。人们还赋予珍奇的水晶许多美丽的神话故事，把象征、希望和一个个不解之谜寄托于它。

水晶在国外最早是由古希腊人在奥林匹斯山区发现的，当时人们看到这种清澈透明的晶体，认为这是冰根据上帝的旨意变来的，所以把它称为"Krystallos"，意为"洁白的冰"。古希腊哲学家亚里士多德也认为水晶是冰经过长时间的演变得来的，是冰的化石，将水晶取名为"晶体"。

紫水晶，英文名称为Amethyst，是酒神狄俄尼索斯的牺牲品，也是一个美丽少女的名字。话说有一天，酒神为了泄愤，就决定将第一个出现在他眼前的人类，当作他爱虎的食物。而他第一个见到的人类就是美丽少女——阿美吉斯特。就在老虎即将扑过去的时候，少女向神祈求，于是神就把她变成纯白的宝石。酒神觉得自己非常可耻，因此将自己身上的葡萄酒倒在纯白的宝石上，这颗白色的宝石立刻变成深色透明的紫色宝石。而这颗象征魔力、灵力的紫水晶，一直守护着二月诞生的人。

《圣经》中《启示录》一章"圣城的荣耀"中写道：圣城耶路撒冷"城中有神的荣耀。城的光辉如同极贵的宝石，好像碧玉，明如水晶"。"城墙的根基是用各样宝石修饰的：第一根基是碧玉，第二是蓝宝石，第三是绿玛瑙，第四是绿宝石，第五是红玛瑙，第六是红宝石，第七是黄碧玺，第八是水苍玉，第九是红碧玺，第十是翡翠，第十一是紫玛瑙，第十二是紫晶。"作为圣城城墙的最后一道根基，水晶被喻为光芒和力量的象征。（图15）

图15　紫水晶原矿

2.水晶的使用历史典故

三国时，孙和一时兴起，舞弄水晶如意而误伤了邓夫人。魏晋时，河间王珍藏有水晶钵。康熙时，两广总督向宫中进献水晶眼镜，康熙试戴后感受不错，遂赏赐给儿子。雍正帝即位后曾说："昔圣祖（康熙帝）赐朕眼镜，朕眼目原不似今精明。"雍正帝之子弘历（即后来的乾隆帝）亦是近视眼，时常戴水晶眼镜批阅奏章，并作《戏题眼镜诗》一首。在安可玫内斯王朝时期，波斯王大流士的皇宫水晶顶上饰有太阳神安拿秫自达神像；法国的路易十七和拿破仑三世、日本皇帝、印度王公等都收藏过水晶珍品；英格兰的王位上，镶嵌有晶莹夺目的紫色水晶。古罗马统帅恺撒狂热于收藏紫晶，他曾派几千人到乌拉尔矿山去寻找这种宝石，并收藏了众多的紫晶和祖母绿。俄罗斯对珍贵水晶首饰的收藏始于18世纪初。彼得大帝发布了一道保护珍宝的专项命令，他认为，最有价值的那些珍宝不应只是皇族的私产，而是属于整个俄罗斯帝国的。到1914年，很多世纪以来，俄罗斯帝国帝王的标志，如皇冠、勋章和首饰都保存在冬宫钻石馆里。1914年第一次世界大战爆发后，沙皇立即下令把这些珍宝转移到莫斯科克里姆林宫。它们在地下室尘封了8年。1922年苏联国家委员会对这些珍宝做了鉴定，并决定由国家珍宝馆保存。

江苏新沂花厅新石器时代遗址出土的串饰，由2个琮形管、2个冠形佩、22颗圆锥形管、18颗鼓形水晶珠穿缀成一体，中间以长方形、琮形管隔，款式新颖、色彩亮丽。此后，水晶串饰屡屡亮相。商代的串饰多由水晶、玛瑙等材质的管、珠、环等组合而成，琢磨细腻，华美坚实。在山东临淄春秋时期的齐国贵族墓穴中，曾发现由水晶、玛瑙、玉石饰件缀成的串饰，佩于墓主身上。战国时期的曾侯乙墓中除发现有大量管珠、坠外，还有一些圆形、长方形、长条形、三角形及兽形串饰部件，质料多为紫晶。汉代采用了很多水晶制作珠饰，此外还制作了很多诸如羊、虎等动物形饰品。唐宋时期除了用水晶制作梳背、步摇之外，还用水晶制作璧、佩、发簪等。到了清代，水晶珠饰和水晶质地的水洗、笔架等文房用品相当流行。（图16）

图16　白水晶原矿

图17 茶水晶原矿

图18 绿幽灵水晶原矿

水晶的种类很多，按照颜色来分有白水晶、紫水晶、茶水晶（图17）、黑水晶、黄水晶、粉水晶等。其中比较常见的种类是无色透明水晶，也称之为"白水晶"，这类水晶占据了水晶的绝大多数。

按照包含物来分有发晶、水胆水晶、绿幽灵等十几个品种。水胆水晶是水晶在结晶的过程中包裹进了一部分液体，通常伴有气体和黑色固体颗粒。

绿幽灵是指水晶在结晶过程中包裹进了绿泥石矿物，通常呈绿色，因为夹带有微量的其他元素导致颜色不同，也有红色、白色、灰色、黄色等多种色彩。（图18）

发晶其实就是包含了不同种类针状矿石包含物的天然水晶体。例如：含有金红石（Rutile）的发晶就会形成钛（金发）晶、红发晶、银发晶、黄发晶。含有阳起石（Actinolite）的水晶则会形成绿发晶。含有电气石（Tourmaline）的水晶则会形成碧玺发晶。除此之外，水晶中包含的矿物还有云母、石墨、海蓝宝石等十几种矿物，形成了一个很庞大的种群。

本书中描述的东周时期的水晶佩饰则包含了白水晶、紫水晶、茶水晶、绿幽灵等多个品种，这其中白水晶占了绝大多数。

第四节　水晶的成矿原理

　　水晶的成矿环境大致与玛瑙一样，它的形成也离不开水，需要一个稳定的孔洞空间和源源不断的热液补给。在火山活动后期，高温高压的地壳深层热液中携带了一部分二氧化硅，二氧化硅在热液温度降低的时候溶解度下降，就会开始结晶，在二氧化硅浓度高而且低pH条件下会形成隐晶质石英，也就是玛瑙；在二氧化硅浓度低且高pH条件下会形成晶质石英，也就是水晶。需要注意的是，水晶的生长方式与玛瑙恰恰相反，水晶的结晶过程比较符合常理，是由小到大、由内而外一层层包裹覆盖生长，历经几百万甚至上千万年时间，最终形成棱角分明、晶莹剔透的水晶，结晶良好的晶体一般呈六棱柱锥形状，结晶不良的就是石英。因为在结晶的过程中，热液中的二氧化硅是在水晶的六个锥面上逐层堆积，所以在侧面的柱面上多数能看到横纹，也称之为"晶纹"，这实际上就是晶体的生长纹。（图19）

　　因为水晶结晶的热液环境是贫硅热液，热液中二氧化硅的含量比玛瑙成矿热液中的二氧化硅浓度低，所以水晶的成矿速度比玛瑙要缓慢得多。

　　水晶在结晶过程中，周围发生地质变动，热液中会携带一些其他矿物进来，如携带有绿泥石矿物质时，绿泥石便会在水晶表面生长，并被慢慢包裹进去，这时候就会形成绿幽灵水晶，其他矿物被包裹进晶体的例子也很多，比如石墨矿、云母矿，甚至有碧玺被包裹进水晶的情况。热液中含有微量金属离子的时候，就会形成紫水晶、茶水晶、黄水晶等各种颜色的水晶。

　　前面我们提到水晶的晶体大小从几毫米到几米不等，小的如米粒，大的如巨石，晶体的大小取决于成矿环境的稳定性，源源不断的热液补给的持续时间越长，水晶就越有机会长成更大的晶体。如果在结晶过程中同一位置有很多个结晶点，就会形成晶簇。（图20）

图19　水晶原矿石的横面晶纹

图20　水晶晶簇

第二章

东周水晶、玛瑙佩饰的出土分布

第一节　近代考古出土分布

　　目前为止所见最早的东周时期的水晶、玛瑙佩饰的出土记录是在晚清民国时期，西方国家有一些博物馆收藏的东周时期的水晶、玛瑙制品有明确记载来自中国东周时期的墓葬，是晚清民国时期由中国出土并流散至海外。古玉方面的记载，在历朝历代几乎都有关于古玉的传奇小说和笔记，青铜器也从汉代到民国时期都有出土记载，但是关于东周玛瑙、水晶佩饰的记载却鲜见于史籍，几乎是古代收藏中的一个空白，连收藏之风盛行的宋代徽宗时期和清代乾隆年间都难觅其踪迹，可以说这方面一直以来都是收藏界的一个盲区，很多人并不知道在东周时期存在着这么多品质超群、造型丰富的水晶、玛瑙佩饰。

　　随着新中国的成立，东周时期的水晶、玛瑙制品才开始出现在各地的考古发掘报告中，尤其是在现代化建设中，东周时期的水晶、玛瑙佩饰的发掘出土如雨后春笋一般遍布全国各地。北到内蒙古、辽宁，南到湖南，西到甘肃，东到山东烟台，西南到四川盆地，东南到浙江绍兴，中原腹地更是星罗棋布。我们从出土地区可以看得出，古代属于齐、楚、燕、韩、赵、魏、秦几个大国的地区都有数不胜数的出土实例，除此之外各地小的诸侯国的出土实例也非常多，这说明水晶、玛瑙制品在这个时期是风靡东周列国的。（图21）

　　近代出土东周时期玛瑙佩饰的地点有：山东临淄淄河店墓地、临淄郎家庄墓地、临淄东孙墓、曲阜鲁国故城墓，河南新郑西亚斯墓地、洛阳伊川徐阳东周墓地，河北平山战国中山王𰯼墓、邯郸市金丰住宅区墓葬，山西襄汾东周墓、太原赵卿墓，陕西西安市灞桥区战国墓，江苏严山窖藏，浙江半山石塘战国墓，湖北熊家冢墓地、随州曾侯乙墓，甘肃张家川马家塬墓地，湖南长沙烈士公园M2，安徽寿县汉墓、六安市砖瓦厂汉墓，江西樟树市中学体育场汉墓，等等。中原地区几乎都有出土记录。（图22、图23）

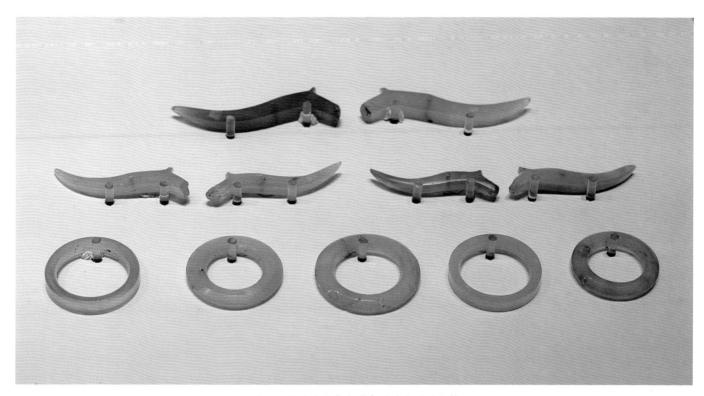

图21 临淄地区出土的东周时期玛瑙佩饰

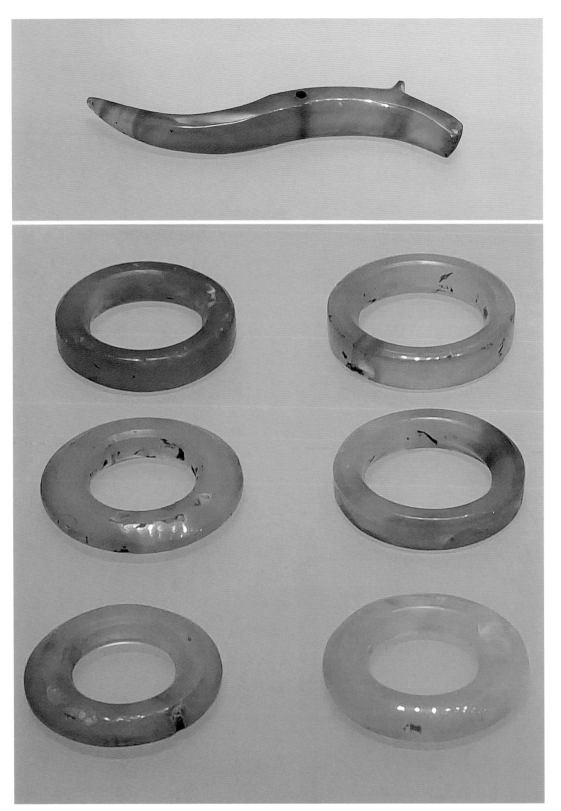

图22 浙江杭州地区出土的东周玛瑙佩饰

图23　河北邯郸地区出土的东周玛瑙环

第二节　古代出土分布

　　虽然东周时期的水晶、玛瑙制品在东周之后、明清之前的历史上未见出土记载，但是事实上这类东西在东周之后的朝代有被人发现的事例，或许是当时的人分不清其属于哪个时代，所以也就没有人去记载这类出土事件。我们近期考古发现的就有三例。

　　2012年河北临漳邺城①核桃园北齐时期大庄严寺1号塔基出土一个石函，石函内出土有诸多文物，其中有一节残缺的战国玛瑙环，依残块造型看，是战国时期的三才环。应为北齐时期出土后被当作宝物放入地宫与舍利一起供奉。（图24）

图24　2012年出土于河北临漳邺城北齐时期大庄严寺1号塔基的战国玛瑙环残件（红圈标识）

---

　　①　邺城，古代著名都城，始筑于春秋齐桓公时，后依次为曹魏、后赵、冉魏、前燕、东魏、北齐六朝都城，居黄河流域政治、经济、军事、文化中心长达4个世纪之久。

图25　发现于天津蓟州区辽代独乐寺塔顶部的战国玛瑙环（红圈标识）

图26　2008年出土于南京金陵宋代长干寺地宫的战国玛瑙环

　　另外在天津蓟州区辽代独乐寺塔顶部发现一枚玛瑙环，发现前早已断裂成两部分，很有可能在安放进塔内之前就是断裂的，但是这枚玛瑙环相对于邺城大庄严寺佛塔地宫的玛瑙环要完整得多，两部分拼接起来之后能恢复原貌。我们可以清楚地看到，这是一枚标准的战国三才环，应为辽代出土后被放入佛塔上层内供奉。（图25）

　　第三例藏于南京博物馆。2008年，南京金陵宋代长干寺地宫出土一枚玛瑙环，完整无缺，造型与战国三才环别无二致。推测是宋代时候从战国墓葬中出土，古人敬畏上古遗存古物，与神圣的舍利一起放进地宫供养。（图26）

第三章

东周水晶、玛瑙佩饰的分类

第一节　水晶、玛瑙环

《尔雅·释器》载："肉倍好谓之璧，好倍肉谓之瑗，肉好若一谓之环。""肉"与"好"分别指代环状玉器的实体与中心孔。以此而论，玛瑙环应该称之为"瑗"，但是为了便于称呼，坊间对璧依旧称之为"璧"，而把环与瑗合称为"环"。

环在东周时期玛瑙、水晶组佩中占有很重要的地位，也是东周时期水晶、玛瑙佩饰中最为常见的一种造型，按照造型不同可以分为平台环、高台环、六线环、璧形环、晋系环、三才环和琮形水晶环等几个种类。

1. 平台环

因为形状酷似车轮，也俗称"车轮环"。外缘为立面，两侧为平整的平面，大部分各类造型的玛瑙环内壁都是呈一至三个台阶依次内收，最终两侧内斜交集于内壁中间形成凸棱，这种分多个台阶内收的情况应该是打磨内壁的时候数次调整打磨角度所致。平台环在湖北擂鼓墩2号墓和曾侯乙墓中都有出土记录，尤其以山东临淄地区出土最为集中，郎家庄战国墓和淄河店2号墓以及东孙墓中都有发掘记录。平台环造型厚重饱满，选料以白、透、黄玛瑙料为主，偶有红褐色和浅红色料，这是东周时期齐国地区较为常见的一种玛瑙环造型，年代最早为春秋晚期。这类环的直径没有固定的尺寸上的规制，从两厘米到十几厘米之间各个尺寸都有，少数直径超过10厘米，直径4—6厘米占据了出土玛瑙环的多数。从材质上看，玛瑙质地的平台环居多，也有少量紫晶、茶晶和白晶材质的平台环。（图27）

图27　平台环

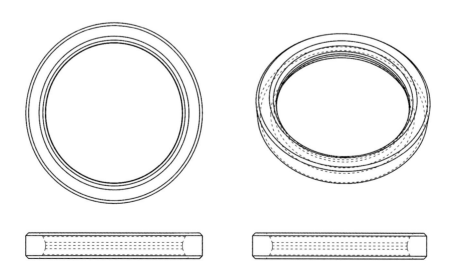

2. 高台环

　　除了常规造型的平台环之外，还有一些比较特殊的造型，例如高台环。（图28）这类水晶、玛瑙环的特点就是在平台环的基础上增加高度，所以显得壁薄而高，尺寸大小不一，高台环在玛瑙环中数量较少，但是在水晶环中占有很大的数量。（图29）高台玛瑙环的玛瑙用料以白色、黄色调玛瑙为主，出土记录见于临淄淄河店墓地。

　　高台环中有一种比较稀有的造型是内壁不起棱的。其横截面近似长方形，内壁打磨与常规旋转打磨不一样，为纵向打磨，这是在内壁旋转打磨基础上的深加工。这种造型的玛瑙环数量很少，只有淄河店2号墓等少数贵族墓葬出土，而且可能因为其佩戴方式与普通玛瑙环有所区别，所以其尺寸也相对较大，有的直径在8厘米以上，有的甚至超过10厘米，能套到人的上臂。（图30）

图28　玛瑙高台环

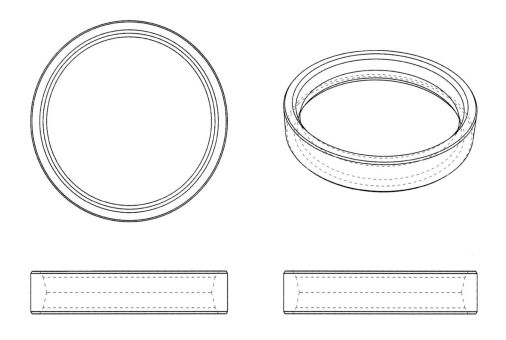

图29 水晶高台环

图30　不起内棱的高台环，以及内壁打磨痕迹

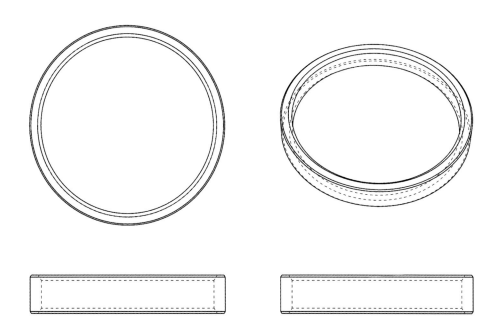

3. 六线环

玛瑙质地的六线环是早期的一种环，年代属于春秋时期，同类型的玛瑙环最早在春秋时期的赵卿墓有出土。外缘为较为明显的凸棱造型，两侧平面较宽，厚度较小，内壁逐级内收，有凸棱。这类玛瑙环在抛光方面多数十分精致，光泽度很好，选料以白色调玛瑙料为主，少量用黄色调玛瑙料。（图31）有很多六线环其平面与两侧的斜面分界线模糊，没有其他玛瑙环那么明显。（图32）六线环在春秋时期各诸侯国地区均有出土，甚至于后期的战国墓中也有春秋时期的遗留。六线环一般较宽，有的宽度比例较大，类似于璧的造型。六线环除了有玛瑙质地的，也有水晶质地的，如有紫晶、白晶和茶晶，水晶六线环的出土记录可以参照河南新郑市西亚斯墓地M83。（图33）

图31　玛瑙六线环

图32 分界线不明显的六线环

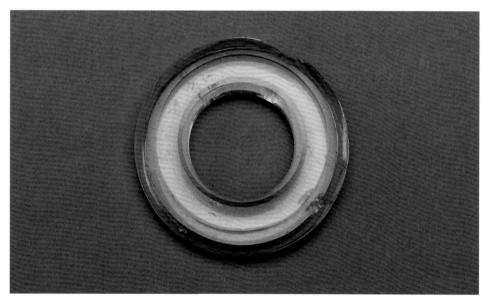

图33 水晶六线环

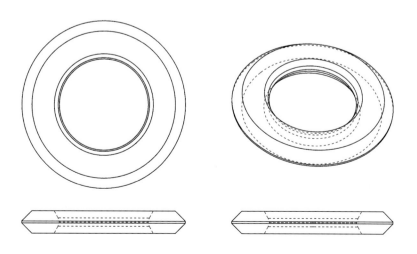

4. 璧形环

立边璧形环：这种造型的玛瑙环时代较早，属于春秋时期，抛光工艺精湛，造型类似于玉璧造型，外缘陡立，整体造型扁平，内壁往往有几个钻孔残痕，这是因为其制作工艺不同而导致。这类环在东周时期的玛瑙环中较为少见。此类玛瑙环1996年在洛阳针织厂C1M5269东周墓中出土一枚，现藏于洛阳市文物考古研究院。（图34）

斜边璧形环：这类环的造型类似于六线环，但是比六线环更宽。（图35）

凸面璧形环：此类璧形环的造型极为少见，其外缘并非陡立的直边，而是弧形的。这种造型仅在1936年于河南辉县东周早期的琉璃阁甲墓中考古发掘出土了两枚，现藏于台湾历史博物馆，直径分别为2.3和2.7厘米，造型较小，为红色玛瑙料制成。（图36）

图34　立边璧形环以及其内壁的钻孔痕

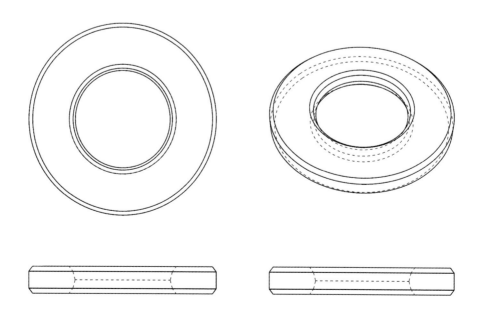

图35 斜边璧形环

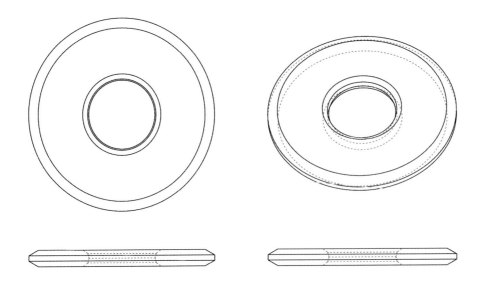

图36 凸面璧形环

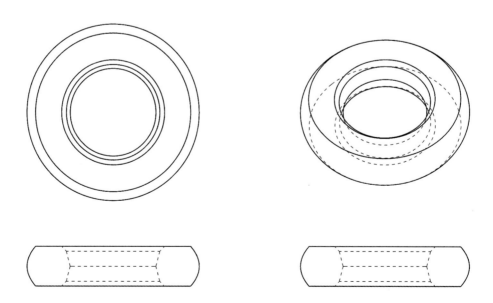

5. 晋系环

这类环一般尺寸较大，选料精致，所采用的玛瑙料子颜色多姿多彩，有彩色玛瑙，也有白透玛瑙，多出自晋国。（图37）其造型与六线环类似，与六线环相比厚度较大，边沿线条造型犀利，棱角分明，外缘凸棱不像六线环那样向外延伸较长，内壁逐级内收，有凸棱。其横截面接近于六边形，有的外缘凸棱会打磨出一个小平面，整个环子形成七条棱线，也称之为"七线环"。（图38）

图37　晋系环

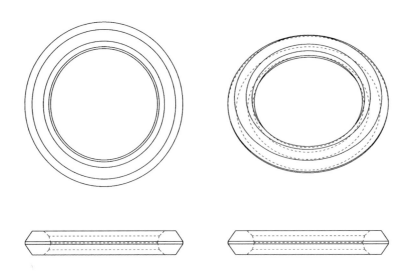

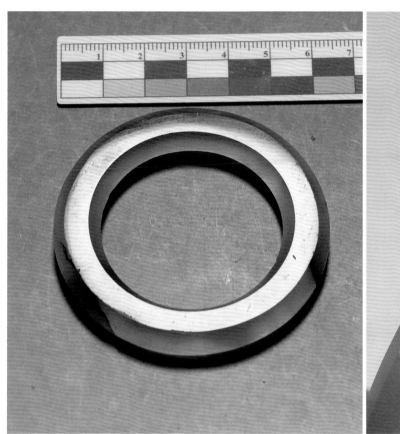 

图38　七线环

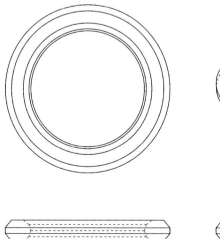 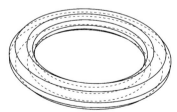

6. 三才环

三才环因为形状酷似飞碟，坊间也称之为"飞碟环"。两侧为内收斜面，叠交于外缘，形成凸棱造型，其横截面近似于不对称的菱形，内壁逐级内收，有凸棱。（图39）

三才环的材质有玛瑙，也有水晶，直径在两厘米到十几厘米的跨度内各个尺寸都有。（图40）年代为战国时期，在战国时期中山王墓中有大量出土，在越、楚、燕、秦、齐、韩、赵、魏等国的战国时期的墓葬中均有出土。少数三才环的顶部有轻微的磨平，不是十分明显。（图41）

这种造型的玛瑙环是战国墓葬中出土数量最大、分布范围最广的一个种类，因为地区或者时代早晚的不同，其宽厚比例也有所差异，可以分为三种类型：厚度小于宽度，厚度等于宽度，厚度大于宽度。其中尤以厚度大于宽度的做工最为精致。（图42）

图39 玛瑙三才环

图40 水晶三才环

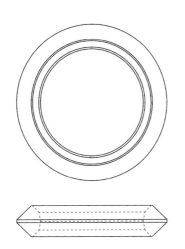

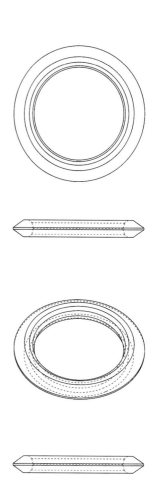

图41　顶部磨平的三才环

图42　三种宽厚比例的三才环

7. 琮形水晶环

这种造型的东周时期的水晶环目前为止仅见一例，玛瑙质地的环中未见有此种造型，极其罕见，这似乎就是一件东周时期的高端私人定制作品，现陈列于山东淄博市临淄区的临淄齐文化博物馆。（图43）

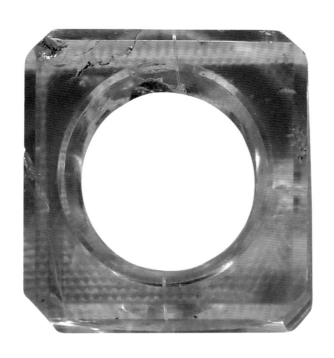

图43 琮形水晶环，临淄齐文化博物馆藏

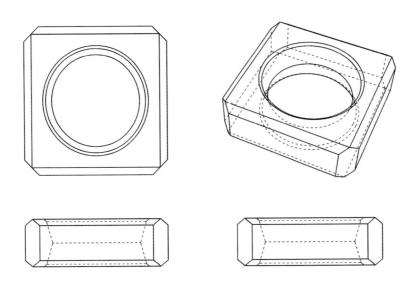

第二节　水晶、玛瑙觿

觿，本作"鑴"，原为用于解绳结的一种尖状工具，最初为青铜或骨头质地，是古人在文书竹简和物资的捆扎、打包，以及车马缰绳等日常生活中处处都要用到的解绳扣的工具。周人十分讲究礼节，穿衣系带时，为了防止衣带散开致使衣裤脱落走光失礼，往往会将衣带打成死结，所以就会随身佩戴解结工具——觿。后期随着带钩这种使用起来更为便捷的工具的普及，古人不再将衣带打成死结，觿用来解衣带的功能减退，开始由实用器具渐渐演化为佩饰，其材质也由青铜和骨头质地演变为玉石、水晶、玛瑙等质地。觿也开始渐渐拥有了神圣的象征意义。（图44）

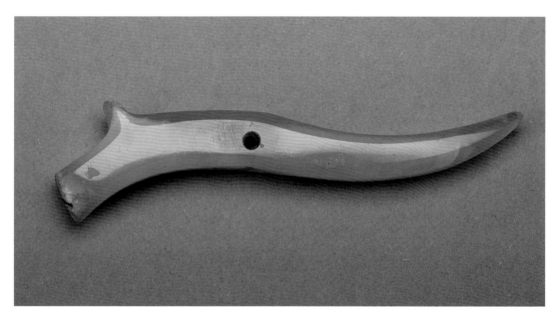

图44　新郑地区出土的玛瑙觿

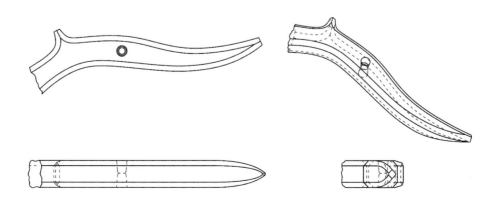

《诗经》中的《国风·卫风·芄兰》载："芄兰之支，童子佩觽；虽则佩觽，能不我知。容兮遂兮，垂带悸兮……"

这段诗歌片段描述了一个虽然佩戴上了代表决断能力的觽，但是尚不具备决断能力的年轻少年。也有说法是暗讽卫懿公即位之初不善于管理朝政的事情。

西汉文学家刘向曾写过一本书《说苑》[①]，记录了先秦至西汉的一些历史故事和传说，书里便提及了觽的象征意义——"能治烦决乱者佩觽"。后来的成语"金断觽决"也包含有此寓意。在汉代，人们佩觽代表自己是能够解决问题、善于解决问题的君子，故《毛传》[②]谓觽是"成人之佩"。可以说，当时帝王贵族都爱佩戴玉觽，即使在死后，也会佩戴着下葬。

觽在东周时期的水晶、玛瑙组佩中也扮演了一个重要角色，是组佩构件中重要的器型之一，其制作年代最早始于春秋时期，在春秋时期的赵卿墓中已有出土实例，其材质有水晶质地，但是数量较少，更多的是玛瑙质地。（图45）

玛瑙觽的尺寸从几厘米到十几厘米均有。（图46）

图45　水晶觽

---

① 《说苑》又名《新苑》，古代杂史小说集，西汉刘向编纂，成书于鸿嘉四年（前17年）。原二十卷，后仅存五卷，大部分已经散佚，后经宋曾巩搜辑，复为二十卷，每卷各有标目。

② 《毛传》是《毛诗故训传》（一作《诂训传》）的简称，为《诗经》研究著作，三十卷。现代一般根据东汉郑玄《诗谱》、三国吴陆玑《毛诗草木鸟兽虫鱼疏》所记，定为毛亨（大毛公）所作。但关于《毛传》的作者和传授渊源，自汉迄唐，诸说不一，因此引起后来学者的怀疑。毛亨，秦汉间人，生卒年不详。

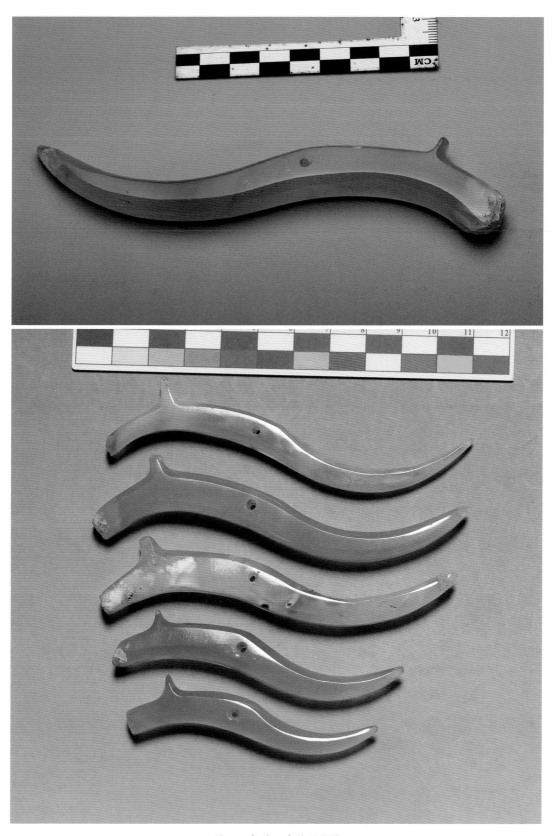

图46　各种尺寸的玛瑙觽

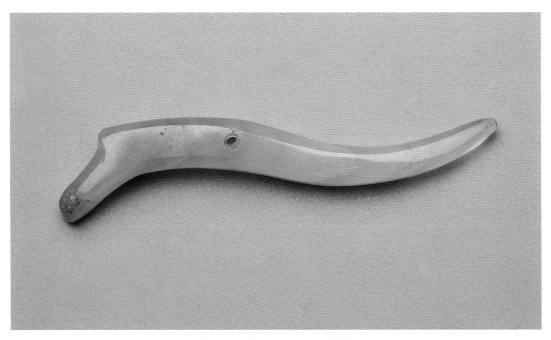

图47　不带角状凸起的玛瑙觿

　　玛瑙觿在当今一些考古资料中被称为"蚕形饰"，也许是因为其外观与蚕有些类似。这里需要提一段历史传说，在《括地志》③一书中记载："齐桓公墓在临淄县南二十一里牛山上，亦名鼎足山，一名牛首岗，一所二坟。晋永嘉末，人发之，初得版，次得水银池，有气不得入。经数日，乃牵犬入中，得金蚕数十箔，珠襦、玉匣、缯彩、军器不可胜数……"

　　这记载里面讲临淄地区的二王冢早在晋永嘉年末的时候就被一个叫曹嶷的人带着军队盗开，而且出土了"金蚕"数十箔。这里面提到的蚕不知道是否就是造型类似于蚕的玛瑙觿，故事在民间传来传去的过程中被后人以讹传讹地把玛瑙质地说成了黄金质地，这种可能性不是没有，且在现实的考古发掘中，临淄地区的齐国墓葬中未发现有金蚕，而玛瑙觿则占了非常大的比例。

　　东周时期水晶、玛瑙组佩中的觿，其造型虽然一端仍然为尖状，但是形体较粗，已经失去了解绳结的实际功能，横截面大致呈长方形，棱线上有打磨的窄小棱面，粗端多有一角状凸起，整体造型与同时期的玉质龙形玉器形似，也有人称之为"玛瑙龙"。在这里要提的是，玛瑙觿中也有一部分不带角状凸起造型的觿，数量相对较少。（图47）这种觿顶部打磨平整，表面抛光光滑统一，并非角状凸起磕碰掉了所致，更像是特意制作。同一时期的玛瑙觿中有的造型粗壮，也有的造型纤细。（图48）

----

③　《括地志》是唐代的一部地理专著，题魏王李泰撰，实出于萧德言等人手笔全书五百五十五卷，包括正文五百五十卷、《序略》五卷。以州为单位，分述各县建置沿革、地望、得名、山川、城池、古迹、神话传说、重大历史事件。融合了《汉书·地理志》、顾野王《舆地志》两本书的编纂技术，创立新的地理书框架。全书按贞观十道排比358州。

　　玛瑙觿的穿孔位于中部靠近粗头的一端，悬挂之后一般处于头部略微上扬的平衡状态。粗端造型粗糙，看起来好像摔裂的断口一样，实际上是未加打磨抛光的原始状态。古人为什么保留原始状态不加打磨抛光，这很有可能与它的佩戴方式有关。玛瑙觿在组佩中往往以左右成双对称的方式出现，两两相对，当两排组佩的间距使头部刚好能触碰到一起的时候，较长的尖尾在旋转过来的时候便会交叉别过，这样的方式既能保护较脆弱的尖尾不会因碰撞残损，又恰到好处地使头部相撞发出悦耳动听的金石之声，未加打磨抛光的头部或许就是古人预留出来的碰撞区域。（图49）

图48　造型纤细的玛瑙觿

图49　玛瑙觿头部特写

　　弧形玛瑙觿：玛瑙觿中少见的器形。常规玛瑙觿造型为头部下压、尾巴翘起的S形，但是这件玛瑙觿尾部向下弯曲，穿孔也与其他觿大相径庭；常规玛瑙觿的穿孔为左右贯穿，而它的穿孔为上下贯穿，这点排除了其由残断玛瑙觿修改而成的可能性，观其整体造型和弧度又不像是由残断的玛瑙环修改而成，应当为古人特意制作而成。（图50）

　　仿生獠牙形玛瑙觿：顾名思义，这类觿因外形似肉食动物的牙齿而得名。在远古时期的石器时代，古人就有佩戴肉食动物的尖牙的习俗，临淄地区东周墓葬中有出土动物獠牙以及蛇类牙齿的案例，这种造型的玛瑙觿的灵感或许来源于此，是仿生器形的佩饰。此类器形较为少见。（图51）

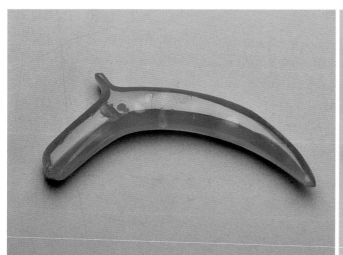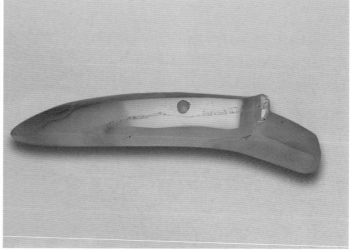

图50　弧形玛瑙觿

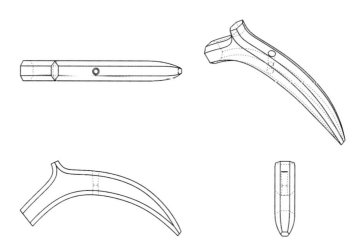

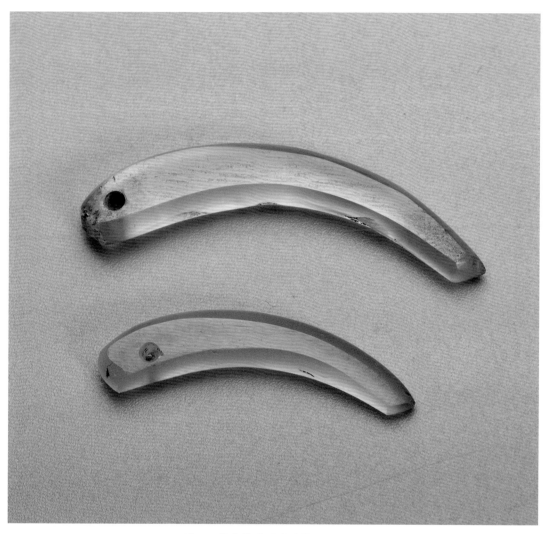

图51 仿生獠牙形玛瑙觿

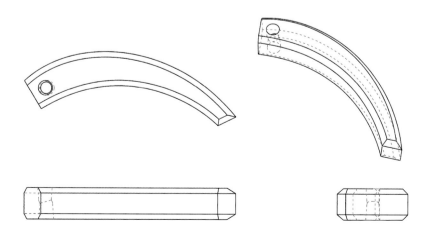

第三节　玛瑙珩

珩是一种古代玉器，为玉组佩上的横玉，形状像磬。需要注意的是有一种玉器极易与玉珩混淆，它就是玉璜。在外表造型上这两种玉器几乎无区别，都为圆弧形横玉，但是在作用上有很大区别。珩一般具有三孔或一孔，三孔珩会有一只孔位于中间平衡位置，两端对称位置分别钻有一孔，在组佩中一般位于中间位置，向下分出两串珠玉，起到承上启下的作用，其悬挂时弧形朝向下方。璜无一例外地钻有两孔，两孔对称分布于玉璜两端，有的玉璜几组连缀成一套大组佩，典型代表是出土于三门峡虢国墓地M2001号大墓的七璜连珠玉组佩。有的被用作玉组佩的尾束，代表着组佩结尾。不管是哪种形式的搭配方式，其悬挂时都是弧形朝上。

珩的孔眼数量的变化，是随着春秋时期的"礼崩乐坏"开始的，大约从春秋晚期开始，玉珩演化出单孔珩，孔眼位于中间平衡处，在组佩中一般成对左右对称地分布于结尾处。这时候的珩不再起到承上启下的作用，而是成了组佩的尾束，但是其悬挂起来时依旧是弯弧朝下，玛瑙珩便是属于此类。（图52）

玛瑙珩相对来说是一种出土数量较少的玛瑙器型，湖北熊家冢祔葬墓和战国中山王墓中各出土有一只，洛阳地区也有一例出土记录。其出土地点多数集中在临淄周边的齐国墓群。

玛瑙珩常见造型为宽薄的扁平状，两头下探，两端有角状凸起，有的带有双角，这种情况比较少见，多见于尺寸较大的玛瑙珩，也有不带角状凸起的玛瑙珩，有的玛瑙珩两端为平头，也有的玛瑙珩两端有斜状开口。（图53、图54）

玛瑙珩的两端与玛瑙觽头部一样，也是没有经过打磨抛光的原始粗糙状态。这种情况与玛瑙珩的佩戴方式有很大关系，玛瑙珩在组佩中多是左右对称成对分布，质地坚硬清脆的玛瑙珩在轻盈的脚步中会互相碰撞发出环佩叮当的声音，古人追求的就是这种效果。玛瑙珩两端不加打磨抛光的地方或许就是古人预留出来的磕碰区域，现实中的玛瑙珩两端也确实存在着不少后期的磕碰痕迹。（图55）

玛瑙珩里面也有少量异于常态的造型，其厚度较大，其两端与玛瑙觽头部造型一致，横截面类似于正方形。（图56）这种造型的珩在同时期比较罕见，全国各地的馆藏展品中仅在荆州博物馆有一只，出土于熊家冢墓群的祔葬墓中。这类珩在造型上存在一些差异，比如有的带有两处角状凸起，有的带有三处角状凸起，有的带有四处角状凸起。（图57）

在此基础上，有的异形玛瑙珩的造型较为奇特，形体比常见的玛瑙珩厚，但是又薄于上述造型的玛瑙珩，横截面类似于长方形。这些细微的厚度区别有可能是根据料子的大小而制作的单独造型。（图58）

马蹄形玛瑙珩：这类玛瑙珩的造型更为特殊，在上述造型的基础上，其向下弯曲的弧

度更加夸张，形似马蹄形，这类造型的玛瑙珩也极为少见。（图59）

倒V字形玛瑙珩：这类玛瑙珩的造型类似于一个倒置的"V"字，样式奇特，造型少见，似乎是专料专做的特殊定制品。（图60）

有极少数的玛瑙珩的造型看起来非常随意，两端粗糙且未加精细地修饰磨平，其弧度也接近于玛瑙环的弧度，这类玛瑙珩极有可能是古代工匠们在加工玛瑙环的过程中不小心把玛瑙环摔断了，但是又不舍得浪费而改制成的。（图61、图62）

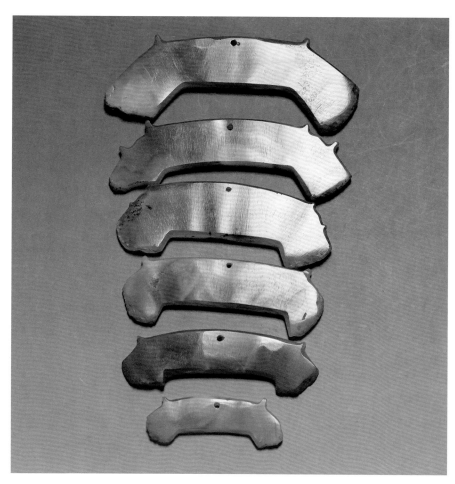

图52　玛瑙珩

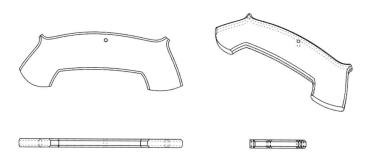

图53 双角珩

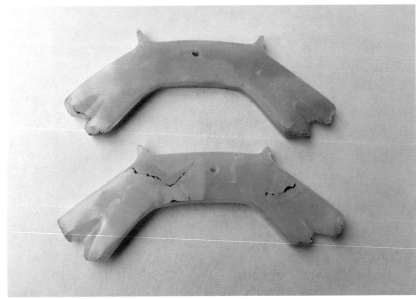

图54 开口珩

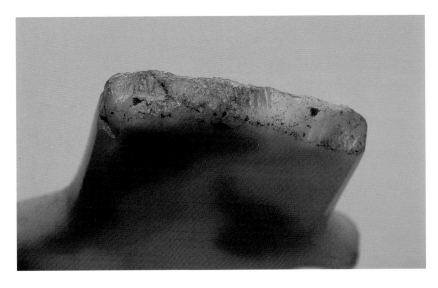

图55 玛瑙珩端部特
写照片

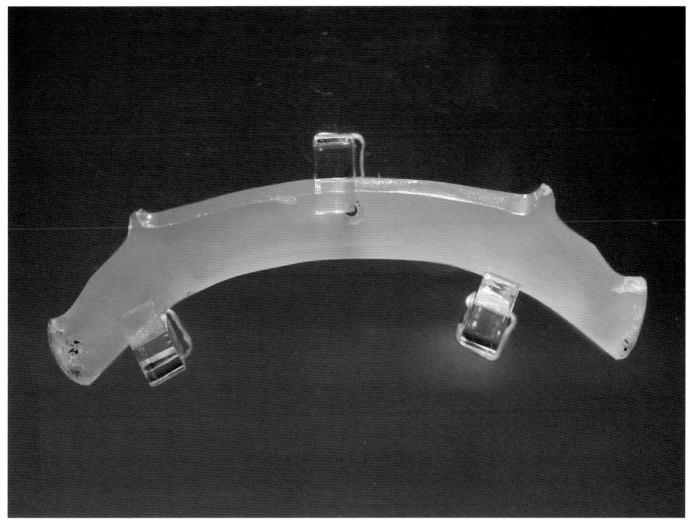

图56 荆州熊家冢袝葬墓出土的异形玛瑙珩

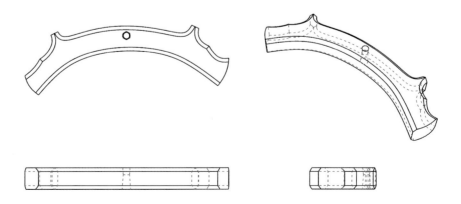

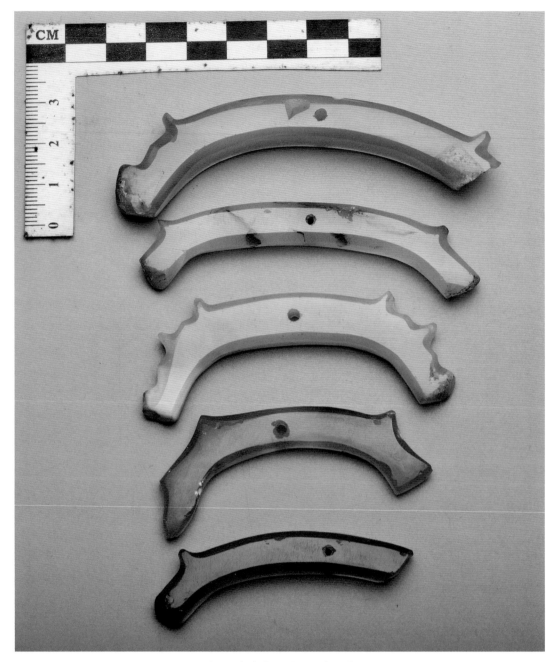

图57 各类异形玛瑙珩对比图

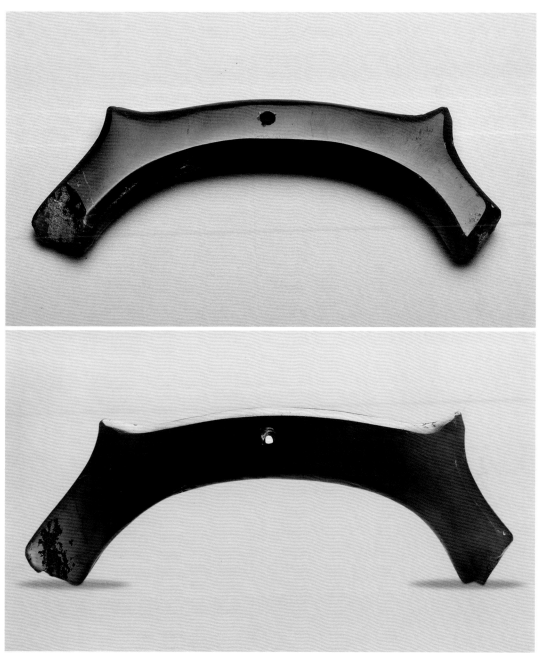

图58　偏扁平的异形玛瑙珩

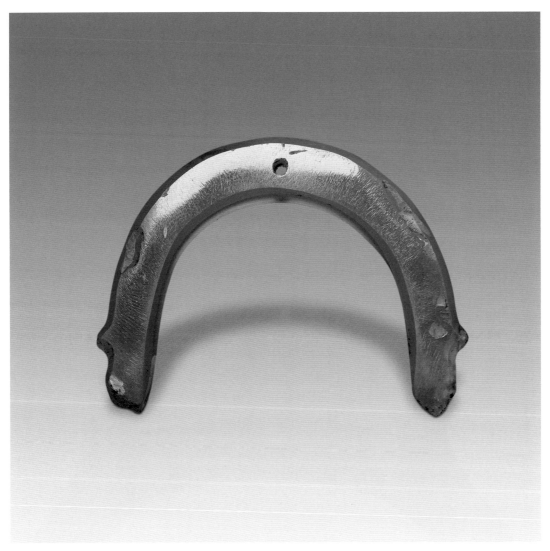

图59　马蹄形玛瑙珩

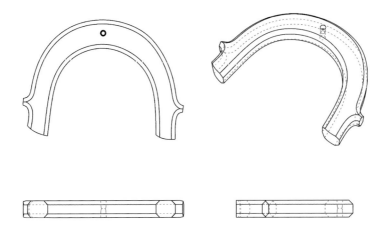

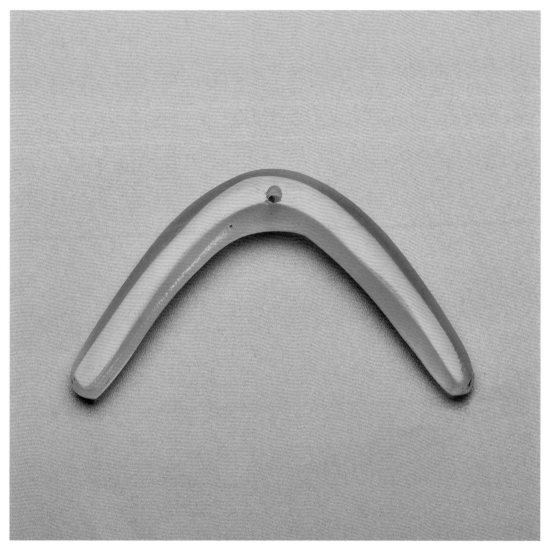

图60　倒V字形玛瑙珩

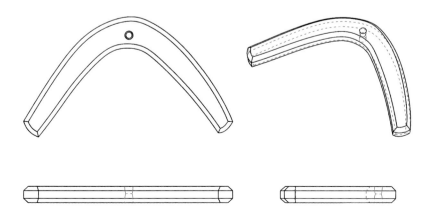

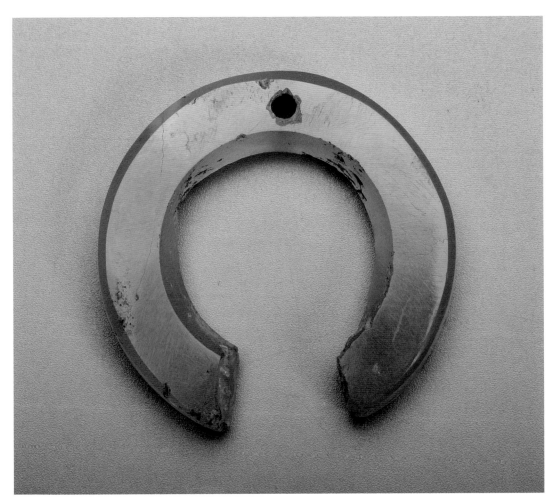

图61 疑似由残玛瑙环改制的玛瑙玦

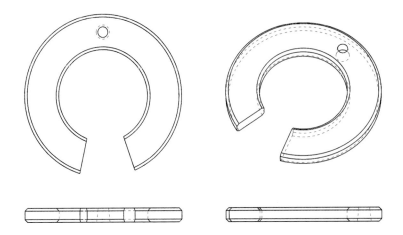

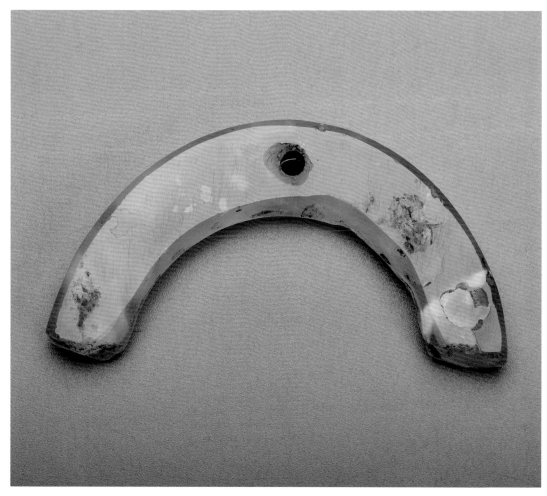

图62 疑似由残玛瑙环改制的玛瑙珩

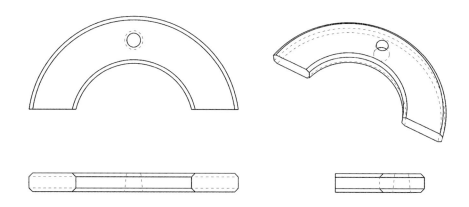

第四节　水晶、玛瑙管饰

1. 竹节管

因为其造型酷似竹节，所以称之为"竹节管"。竹节管是为数不多的有历史传承的一种佩饰，它是由西周玛瑙竹节管饰演化而来，最早有可能追溯到商代竹节造型的凸棱玛瑙珠，在后面的竹节管饰章节有更详细的内容介绍。竹节管也是造型种类较多的一个门类，其粗细尺寸跨度大，直径从几毫米到一厘米各个尺寸都有。长短尺寸跨度更大，从一厘米到十几厘米之间各个长度都有，明确的出土记录有山东临淄郎家庄战国墓、杭州半山石塘战国墓和山西襄汾东周大墓。（图63、图64）

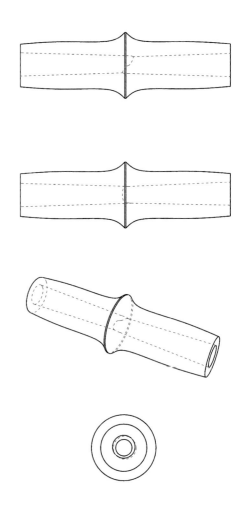

图63　春秋时期玛瑙竹节管饰

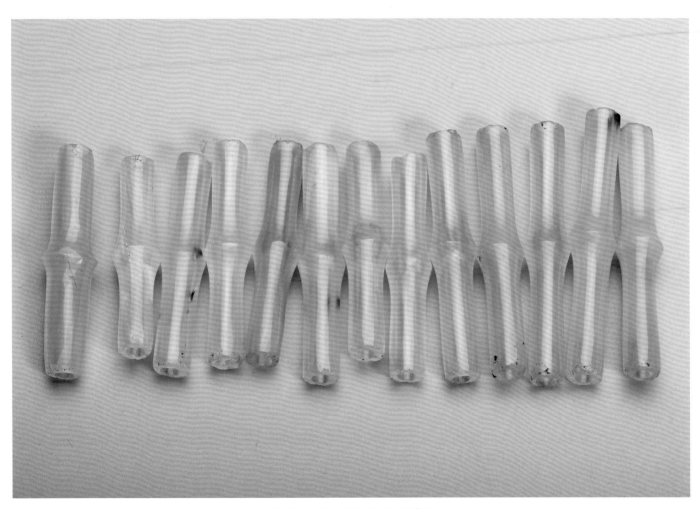

图64 各种造型的玛瑙竹节管饰

竹节管中以玛瑙材质居多，水晶质地的竹节管也有，但是数量极少。（图65）

在有竹节状凸起的玛瑙管中有一类罕见的多竹节状凸起玛瑙管，与常见的竹节管不同的是，这类管的两端口沿即为凸起的竹节状，中间有两到三个竹节状凸起。（图66）台北故宫博物院收藏有一只七个凸起竹节的玛瑙管，为征集品，虽然标注为北阴阳营文化，但实质应为东周时期。

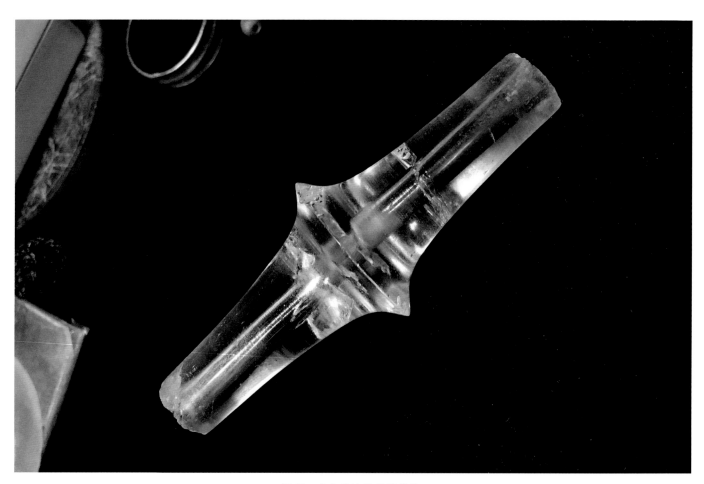

图65　水晶质地的竹节管饰

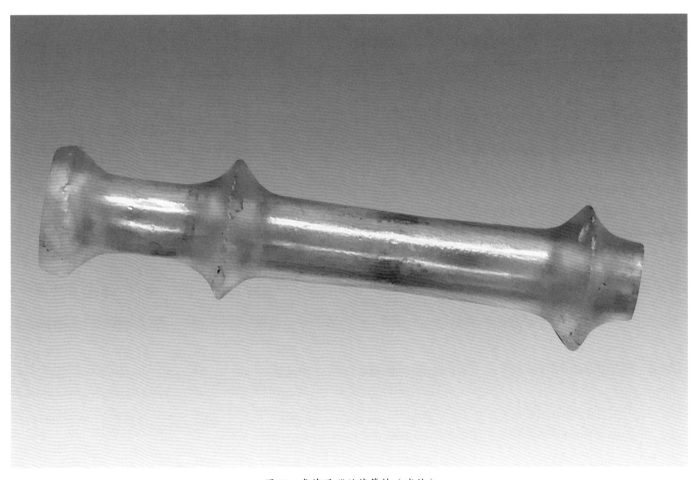

图66 多节玛瑙竹节管饰（残件）

2. 圆管

水晶、玛瑙管饰中有一种不起竹节造型的圆管，尺寸有长有短，长的可达6厘米，2—3厘米的短细管较为常见，长管数量较少，这种造型的管饰多数都是钻孔对钻偏差较小的管饰，材质有玛瑙、白水晶和紫晶等。在湖北熊家冢M12：26墓中出土有一串完全由紫晶组成的圆管串饰，总数21枚，长度在1.4—2.1厘米之间。（图67、图68）

图67　未起竹节造型的小玛瑙管饰

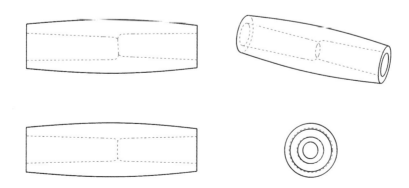

图68　白水晶圆管、紫晶圆管、玛瑙圆管

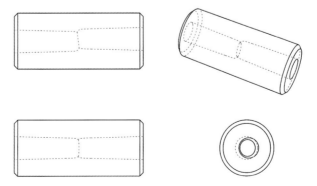

3.四棱柱形管

这类珠子造型呈方柱形，有的横截面近似于正方形，有的较薄，横截面为长方形。中间由两条对钻的孔道贯通，多为晶体透明度极好的水晶制成，这种情况体现了古人在制作这种耗费工时的长孔道水晶饰品时特意选取了最好的水晶材料。在临淄郎家庄东周墓葬中出土的一套水晶组佩中发现有十几件这种扁平造型的水晶四棱柱形管。（图69、图70）

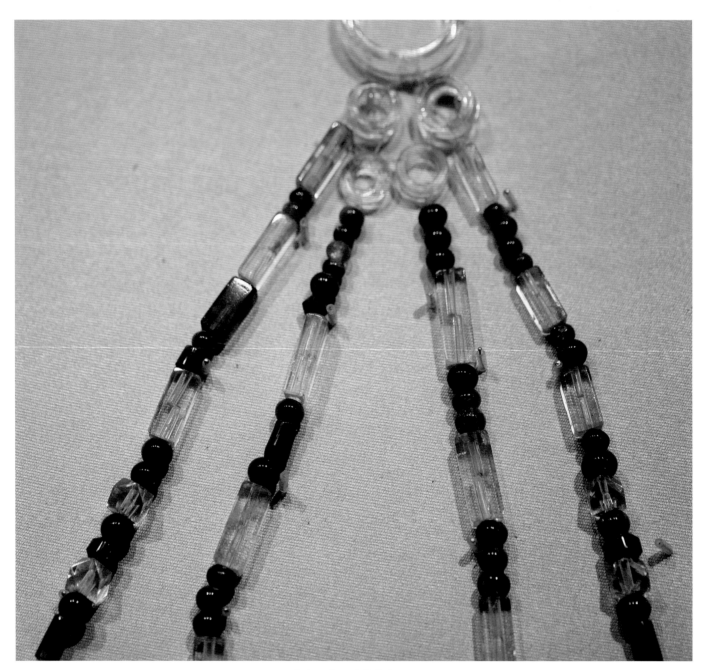

图69　郎家庄东周墓葬中出土的水晶组佩

图70　水晶方管饰

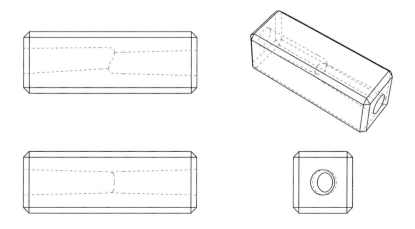

第五节　水晶、玛瑙珠饰

1.圆珠

圆珠是东周时期造型最为常见的珠饰，造型有正圆形和椭圆形，用于组佩中的间隔点缀，也有单独用珠子串成一串当作项饰的情况。尺寸小的如粟米，大的直径可达几厘米。（图71）材质有白水晶、茶晶、紫水晶和玛瑙，玛瑙圆珠中除了普通玛瑙圆珠之外，还有红缟玛瑙圆珠。圆珠在各地的东周时期墓葬中几乎都有发现，例如临淄东孙战国墓中出土有由紫水晶和白水晶制作的圆珠，位于古代楚国核心地区的荆州熊家冢M12：27墓中出土有由紫晶制作的圆珠；河北平山战国时期中山王墓中有红缟玛瑙质地的圆珠出土。

图71 各种尺寸和材质的圆珠，尺寸大的可达几厘米，小的如粟米，材质有水晶、玛瑙

2. 橄榄形珠

这种珠子因为造型两头细中间粗，形似橄榄而得名。橄榄形珠从西周演化而来，最远可以追溯到商代，妇好墓中出土有此类造型的玛瑙珠子实物。相比之下，东周时期的更为修长一些。这种珠型也是东周时期较为常见的珠饰造型，广泛分布于各地的春秋战国墓葬中，例如太原赵卿墓和洛阳陆浑国贵族墓中都有出土，在临淄地区更为常见。有玛瑙质地，也有茶晶、白晶和紫晶质地。（图72）

图72-1　紫水晶橄榄形珠

图72-2 茶晶和白晶橄榄形珠

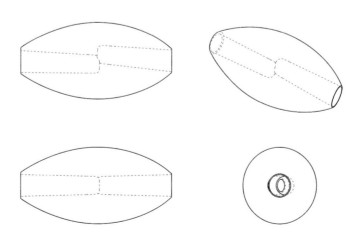

3. 多面体形珠

也称之为"八棱锤"，这个名字是坊间的习惯性称呼。这种珠子被打磨成多面体状，实际为十四面体，棱线也远超过八条，出土量较少。主要为水晶材质，在山东曲阜鲁国故城墓地有出土记录。（图73）

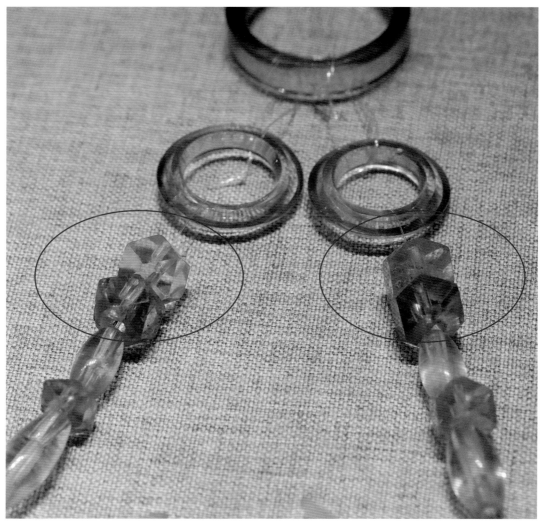

图73　水晶多面体形珠

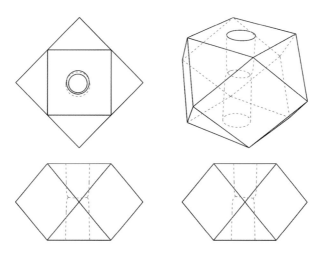

4. 面包形珠

"面包珠"为坊间俗称，因为形状近似面包造型而得名。两端平头，中间弧面凸起，四角磨平，有的造型近似于圆球体，有的相对扁平一些。曲阜鲁国故城墓地有出土记录。（图74）

图74　水晶面包形珠

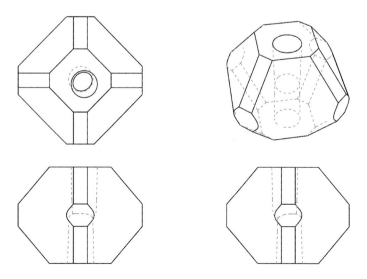

5. 四棱锥形珠

这种珠子造型为中间凸起、两端收敛的四棱锥形，形似两个底面对扣在一起的平顶金字塔造型，四周棱线有打磨，长孔道于中间位置对接。一般采用质地较好的水晶材料制作，做工也较其他造型的珠子考究，出土案例见于临淄东夏庄墓地M6。这种造型的珠子偶有玛瑙质地的，但是数量稀少。（图75）

四棱锥形珠子还有一种扁平的造型，外观与上一种四棱锥形珠类似，只是两面扁平。值得注意的是这种珠子的打孔方式比较奇特，两端的钻孔不是对穿孔，而是纵向的钻孔与侧面的横向钻孔钻通，形成一个L形孔道。这种情况较为罕见，在考古出土记录中，临淄南马坊村南墓地M1111出土有两枚此类型水晶珠子。（图76）

图75　水晶、玛瑙两种质地的四棱锥形珠

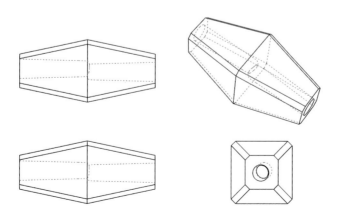

图76 扁平型四棱锥形珠

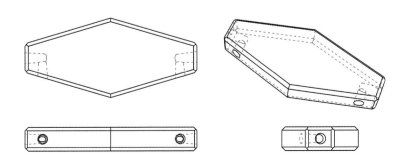

6. 药片形珠

因为其造型酷似药片而得名。造型为高矮不一的圆柱形，两端边棱有磨平，有的珠子磨平的面较宽，形似灯笼。这两种造型的药片形珠在临淄东孙战国墓葬中都有出土，第二种造型的药片形珠在河南新郑西亚斯战国墓葬中也有发现案例。这类造型的珠子是东周时期较为常见的一类，也是出土数量较多的一类。（图77）

图77 各种造型的水晶药片形珠

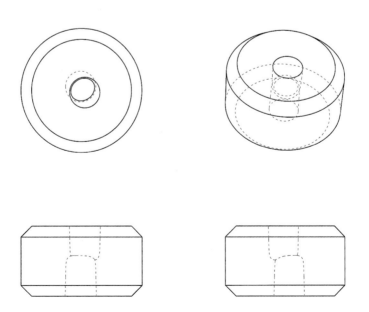

7. 竹节形珠

这种珠子的造型为中间凸起，两端内收，形似两个底面对扣在一起的平顶圆锥造型。此造型的紫晶珠在浙江杭州半山战国墓中有发现，在临淄地区的齐国墓葬中发现的例子更多。材质有紫晶、白晶和玛瑙。有细长型，也有粗短型，长短大小不一。（图78）

图78 竹节形珠

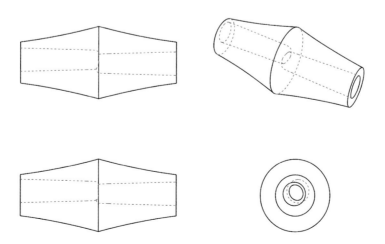

8.飞碟形珠

因为造型酷似飞碟而被坊间称为"飞碟珠"，也有别称为"算盘珠"。多数小巧精致，材质有紫晶和玛瑙。紫晶飞碟珠在湖北荆州熊家冢M12：26墓中有出土，尤其以临淄地区齐国墓葬最为集中。玛瑙质地的飞碟形珠主要出自古代齐国地区和甘肃等西北地区，齐国地区的玛瑙飞碟形珠主要用白色玛瑙和肉红色带朱砂点的玛瑙料制成，而西北地区甘肃区域内的飞碟形玛瑙珠主要用鲜艳的酒红色玛瑙料。（图79、图80）

图79　临淄地区的飞碟形玛瑙珠

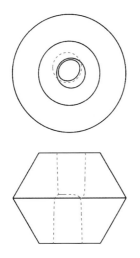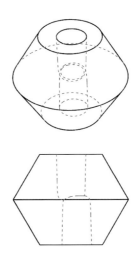

图80　甘肃地区的飞碟形玛瑙珠

第六节　三通和四通型珠饰

　　三通的造型为磨盘状，圆角有轻微的打磨斜面，有三条孔道自侧面钻入，于中间位置连通。三通的作用与三孔玉珩的作用一样，在组佩中起到承上启下的作用，一般位于组佩中间偏上位置，将组佩中的单股串饰分流成双股。（图81）其质地以水晶为主（图82），也有红缟玛瑙质地的。临淄南马坊村南墓地M1111出土的水晶、玛瑙组佩上有两件水晶质地的三通。

　　四通的外观造型与三通一致，唯一不同点在于其孔道为四条相交于中心；作用也与三通一样，但是四通能把组佩由单股分为三股。这种三孔集于一侧的四通在考古发掘中见于河南新郑西亚斯墓地M83和山东临淄南马坊村南墓地M1111。（图83）

　　除上述造型的四通之外，还有一种中间有四条孔道，呈十字交叉形的四通，出土记录见于临淄南马坊村南墓地M1111。（图84）

图81　三通以及三通在组佩中的搭配方式

图82　白晶和紫晶三通

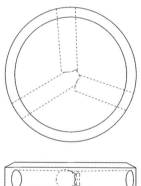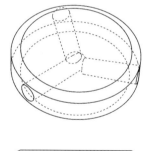

图83　三孔位于一侧的四通　　　　　　　　　图84　十字孔道四通

第七节　带钩

　　水晶、玛瑙质地的带钩多见于汉代时期，在战国墓葬中极少有发现。1995年河北邯郸市钢铁总厂西区战国墓中出土一枚红缟玛瑙带钩，现藏于邯郸市文物保护研究所，钩头为鸭首形，体形硕大，正面为深红色，背面有圆饼状钮。（图85）

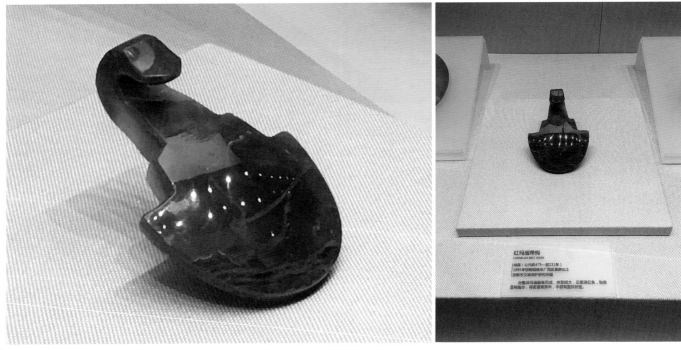

图85　出土于邯郸的红缟玛瑙带钩

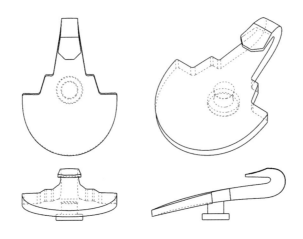

第八节　剑首

　　用红缟玛瑙制作的剑饰多见于汉代，但是汉代时期玛瑙的钻孔技术与东周时期的有很大区别，依据红缟玛瑙剑首背面的钻孔特征，这类剑首的制作年代应属东周的战国时期。这种实心钻孔，底部带有乳突的钻孔特征是东周时期玛瑙、水晶佩饰钻孔的典型特征，而且汉代的玛瑙剑饰表面很难看到打磨痕迹，从此类剑首表面残存的打磨痕迹看，这类剑首也符合战国时期的特征。（图86）

图86　红缟玛瑙剑首以及钻孔

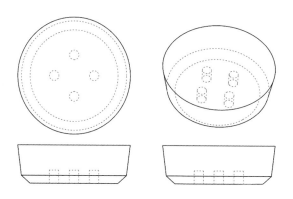

第九节　水晶杯

　　1990年杭州市半山镇石塘村战国墓出土了一件水晶杯，由一整块天然水晶制成，杯高15.4厘米、口径7.8厘米、底径5.4厘米。整器略带琥珀色，应为茶晶制成，局部可见絮状包裹体；器身为敞口、平唇、斜直壁、圆底，圈足外撇；光素无纹，造型简洁，酷似当代玻璃杯。这是迄今为止中国出土的早期水晶制品中器形最大的一件，独一无二。2002年1月18日，国家文物局将战国水晶杯列入《首批禁止出国（境）展览文物目录》，与之并列的，是后母戊鼎、曾侯乙编钟、青铜神树、铜车马、直裾素纱禅衣等这些同为举世孤品的国宝。现藏于杭州博物馆，被定为杭州博物馆镇馆之宝。（图87）

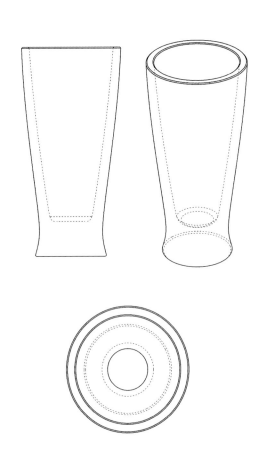

图87　水晶杯

第十节　越国月牙形佩

　　在远离中原腹地的绍兴地区的越国墓葬中出土过一类月牙形玛瑙佩饰，造型与中原地区的玛瑙珩类似，但是形体较窄，向下弯曲的两头内收为尖头。这种造型的玛瑙佩饰在中原地区未见有考古发掘出土，推测这种造型的玛瑙佩饰为越国本地特色。（图88）

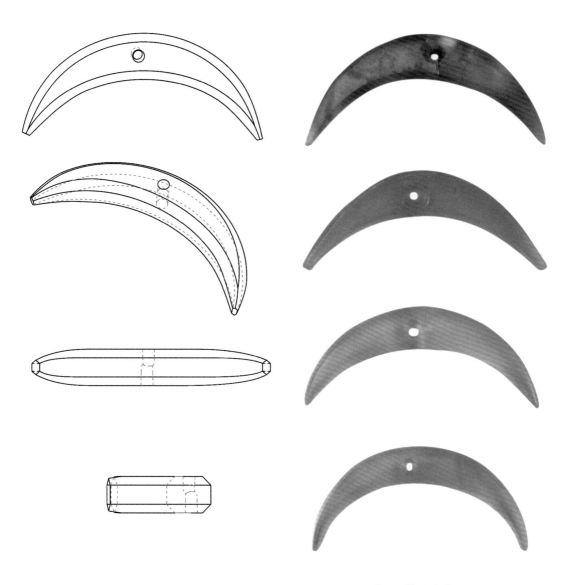

图88　越国月牙形佩

第十一节　其他造型

1. L形钻孔的方条水晶佩饰

这种造型的佩饰外观为扁平的长条形水晶，与扁平的方形水晶管的打孔不同，它两端的打孔为一条纵向的钻孔，与一条侧面钻过来的横向钻孔钻通，形成L形的孔道。这种造型的佩饰较为少见，考古发掘记录中于临淄南马坊村南墓地M1111中发现有六件。（图89）

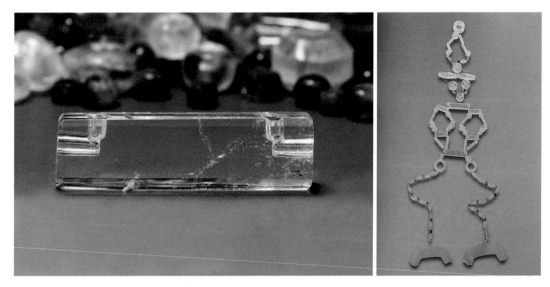

图89　方条水晶佩饰与南马坊村南墓地M1111出土的组佩中方条水晶佩饰搭配方式。图片引自《临淄齐墓》

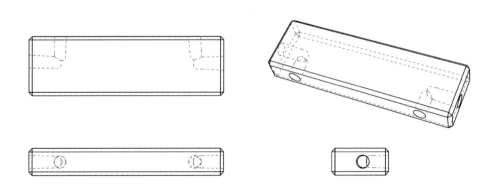

2. 方形玛瑙块

这种造型的玛瑙制品较为少见，整体造型为方块形六面体，材质有普通玛瑙和水草玛瑙，没有可供穿系佩戴的钻孔，对比同时期墓葬出土的骨质六博棋子来看，推测其为六博棋子的可能性比较大。

东周是一个思想开放且飞速发展的时代，因此东周时期的水晶和玛瑙制品的造型是丰富多彩的，除了上述诸多造型，还有许多稀有造型，因为图片资料欠缺，在此不一一列举。

《诗经》介绍齐国风俗的《齐风》章节中有一篇诗歌比较有意思。

国风·齐风·著

俟我于著乎而，充耳以素乎而，尚之以琼华乎而。

俟我于庭乎而，充耳以青乎而，尚之以琼莹乎而。

俟我于堂乎而，充耳以黄乎而，尚之以琼英乎而。

诗中提到了"琼华""琼莹""琼英"三个词，这三个词在《辞海》里的解释皆是形容似玉的美石。清代距东周两千年，考证多依附于历年来转抄的书籍。东周到汉代出现过一个文化大断层，接着魏晋南北朝战乱，对文化的进一步摧残，导致了大量的文化遗失或湮灭，因此这类后期的解读多来自一些单一的文人墨客，而非玉石材质方面的专业人士，在缺乏专业知识和科学的考古资料的情况下只能全靠揣摩猜测，其结果未必就是可靠的。《说文解字》中注释"琼，赤玉也"。我们结合诗歌的词意猜测，"琼华""琼莹""琼英"很有可能代表的是包含玛瑙在内的三种不同的材质，而非颜色。诗歌中提到的这种佩饰很有可能是东周时期另外一种造型的佩饰。

第四章

东周水晶、玛瑙的组佩样式与佩戴方式

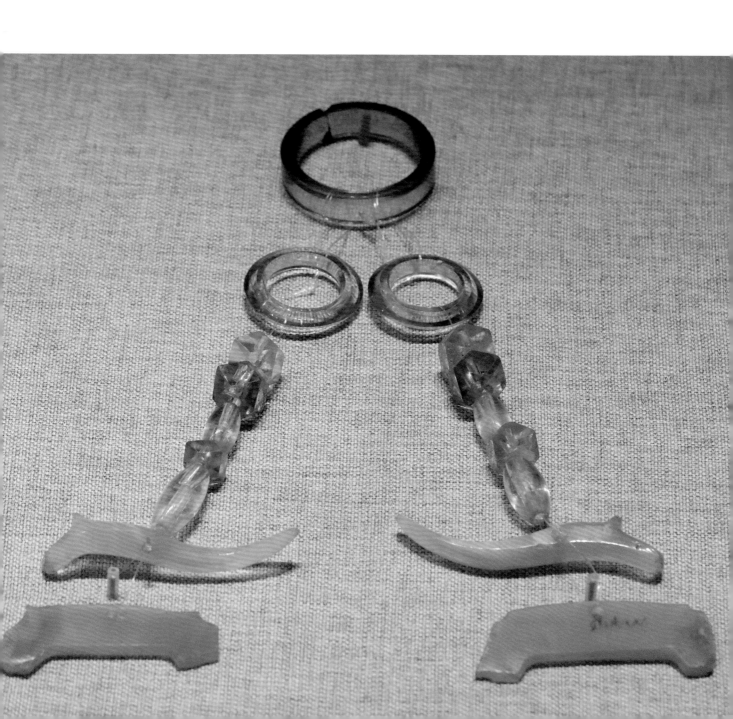

第一节 东周时期水晶、玛瑙的组佩样式

《周礼》[①]设有"典瑞""天府""玉府"等官职,"典瑞,掌玉瑞玉器之藏,辨其名物,与其用事,设其服饰。"它的职能主要有三个方面:一是"辨其名物",亦即掌握政令。典瑞必须根据天子关于政治用玉的法度规定,对玉器的形制、尺寸进行鉴别和划分,并根据朝廷命官的官阶和礼仪场所的等级,按人按物,分名分等,掌握好标准和尺度。二是"与其用事",典瑞必须按照不同内容的政治活动和礼仪场所,如祭祀、大婚、盟会、朝聘、丧葬等,提供各种不同款式和等级的玉器。三是"设其服饰",以"辨其名物"为前提,根据官员的爵位和等级提供不同标准的佩玉和装饰。

"天府,掌祖庙之守藏,与其禁令,凡国之玉镇、大宝器藏焉。若有大祭、大丧,则出而陈之。既事,藏之。凡官府、乡州及都鄙之治中,受而藏之,以诏王察群吏之治。……若祭天之司民、司禄而献民数、谷数,则受而藏之。"

"玉府,掌王之金玉玩好兵器,凡良货贿之藏。共王之服玉、佩玉、珠玉。王齐,则共食玉。"

《周礼》对西周时期的用玉制度也作了详细的规定,什么身份等级的贵族使用什么规制的玉器都是有明确规定的,即使是同一种玉器,使用者身份高低不同,用的尺寸也不一样:"玉人之事,镇圭尺有二寸,天子守之。命圭九寸,谓之桓圭,公守之。命圭七寸,谓之信圭,侯守之……"

而在现实中的考古发掘中,西周时期的玉组佩似乎也有着一个固定的搭配格式,由一个梯形牌饰和数串红色玛瑙珠饰组合而成。这种经典搭配模式在近代考古发掘中已发现多套,那么东周时期的水晶、玛瑙组佩是否也有着严格的规定呢?

在考古发掘中,临淄地区的水晶、玛瑙饰品多数是以单件的形式出土,仅少数墓葬出土有成系列的组佩,齐国范围内在临淄东夏庄墓地M6,临淄永流墓群M3、M4,临淄淄河店墓地M3,临淄郎家庄1号殉人墓,临淄相家庄墓地M1、M3、M5等出土共57组。[②]山东地区的东周时期墓葬被盗扰严重,目前为止出土成系列的未被扰乱的水晶、玛瑙组佩仅36组,加之最近几年在临淄东孙战国墓以及临淄南马坊村南墓地M1111两座墓新发现的3套完整的水晶、玛瑙组佩,总共计39套。在鲁国范围内的鲁国故城墓地M4也出土有成套水晶、玛瑙组佩,从其形制和工艺来看,属于齐文化范围,受齐国影响很大,不排除直接来

---

① 《周礼》是儒家经典,相传为西周时期的著名政治家、思想家、文学家、军事家周公旦所著。所涉及内容极为丰富,用来维护分封制。大至天下九州,天文历象;小至沟洫道路,草木虫鱼。凡邦国建制,政法文教,礼乐兵刑,赋税度支,膳食衣饰,寝庙车马,农商医卜,工艺制作,各种名物、典章、制度,无所不包。堪称上古文化史之宝库。

② 张冲、么彬:《战国时期齐国随葬水晶玛瑙串饰研究》,《东南文化》2020年第5期。

于齐国的可能。

　　墓葬中用来串联组佩的丝线为有机物，难以保存下来，丝线虽然会腐朽，但是珠玉的位置依旧在原来的位置，系统科学的考古发掘能根据其分布位置把下葬时的组佩排列方式复原。关于东周时期水晶、玛瑙组佩的搭配组合方式，我们可以以博物馆陈列的考古发掘的组佩为参照。（图90）

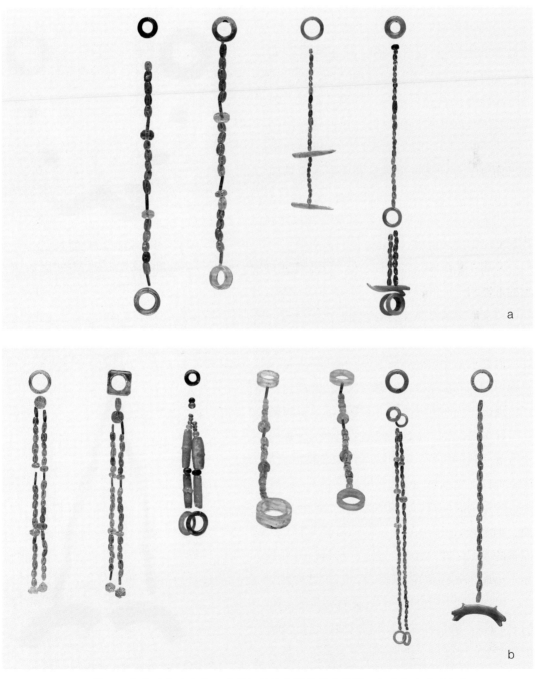

图90　东周时期的水晶、玛瑙组佩搭配样式多式多样，如同当时"百花齐放，百家争鸣"的社会形态一样灵活多变，没有固定格式

看过博物馆里的这些水晶、玛瑙组佩
的搭配格式，我们就会发现，东周时期的组
佩样式与当时"百花齐放，百家争鸣"的社
会形态一样灵活多变，千姿百态，各种自由
组合搭配方式并存，没有严格的固定格式。
多数都是以水晶或者玛瑙质地的环为起始挈
领，中间以水晶、玛瑙材质的珠饰贯穿，珠
饰有单串的，也有双串的，最多的达到四
串，下部以水晶或者玛瑙质地的环、觿、珩
为结尾，有的甚至以水晶、玛瑙、玉器、松
石混搭。现藏于中国国家博物馆的这套洛阳
中州路东周墓出土的组佩就是由两件玛瑙
环、两件玉器、两颗紫晶珠和六颗松石珠组
成。（图91）

图91　洛阳中州路M1316墓出土的水
晶、玛瑙、松石和玉器混搭的组佩

同样的情况在临淄地区也有发现，临淄地
区东夏庄墓地M6中出土3套完整的由水晶、玛
瑙与和田玉搭配而成的组佩，这3套组佩的下
端都是以两只玉珩作为结尾。（图92）

以上诸多的水晶、玛瑙组佩的搭配模式，
其背后原因很多，有的可能是墓主人个人偏
好，但是不排除有很多是因为搭配材料不足，
只能用仅有的水晶、玛瑙饰品勉强搭配成组。
总体来讲，环在组佩中不可或缺，几乎是组佩
必不可少的素材。多数组佩都是以水晶或者玛
瑙环为挈领，水晶、玛瑙质地的觿或者珩为结
尾；也有不少组佩以环为起始，也以环为结尾
的；有个别以水晶、玛瑙环为挈领，直接以水
晶、玛瑙珠串为结尾。有的佩饰器型决定了其
固有的搭配位置，比如玛瑙珩。东周时期的单
孔玉珩在玉器组佩中起到一个总结收尾的作
用，玛瑙珩的作用也是一样，多数都位于组佩
的最下端，与此相似的还有玛瑙觿，它在组佩
中也多数位于末端。这里讲的是大多数，也不
排除个别有其他的搭配，比如搭配在组佩中间
位置的案例。（图93）

图92　临淄东夏庄墓地M6出土的以和
田玉珩为尾束的水晶、玛瑙组佩。本图引
自《临淄齐墓》

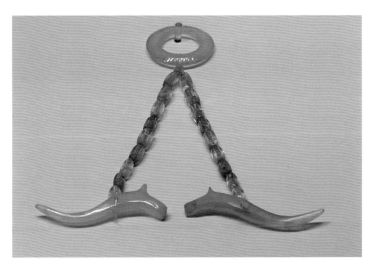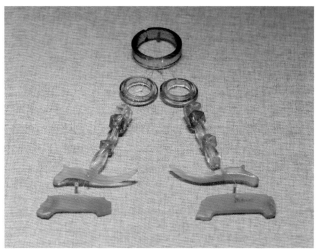

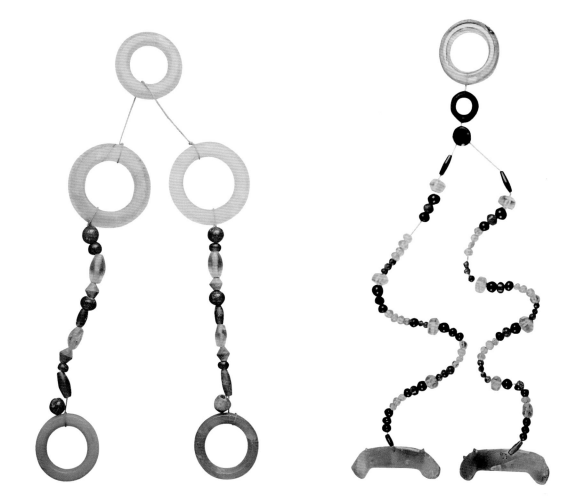

图93 觿与珩在组佩中常见的位置是用在组佩的最末端，觿偶见个例是位于中间位置，有的组佩以环为挈领，最后也以环为结尾。本图引自《临淄齐墓》

　　玛瑙和水晶珠子也是组佩中重要的构件。由各种颜色的玛瑙和水晶制成的各种造型的珠饰在组佩中起到了间隔点缀的作用，让各类造型的大件组佩显得错落有致、疏密有序。（图94）

　　有的墓葬中出土的组佩全部由玛瑙管饰或者水晶珠饰搭配而成。（图95）

　　有的一整套组佩除了采用几颗玛瑙珠之外，其他几乎全部由水晶组成，例如山东博物馆藏的这套出土于临淄郎家庄东周墓的组佩。（图96）

图94　由水晶珠子搭配组装的组佩，曲阜孔子博物馆藏

图95　全部由管或珠子搭配的组佩

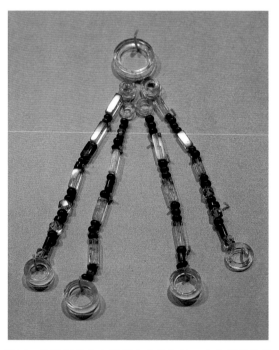

图96　临淄郎家庄东周墓出土的组佩，山东博物馆藏

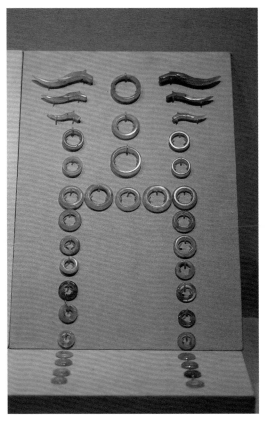

图97　玛瑙组佩，山东博物馆藏　　　　图98　玛瑙环与丝织品搭配的组合，山东博物馆藏

更有的组佩则完全不用珠子，比如山东博物馆收藏的这套玛瑙组佩，完全由玛瑙觿和玛瑙环搭配而成，这有可能是墓主人生前的个人偏好。（图97）

需要注意的是，东周时期齐国地区的水晶、玛瑙组佩并非我们所见的那样直接用丝线串联各种造型的珠、管，因为我们在出土的水晶或者玛瑙珠、管的孔道中发现过残存的粟米粒大小的骨头质地的珠饰。所以可以肯定的是，有不少的组佩在丝线上穿缀了小如粟米的珠子，这种珠子往往为松石质、骨质或者木质，因为年代久远被侵蚀殆尽，容易被疏忽，由此我们可以想象一下，古人先用丝线串起一长串小如米粒的珠子，再用它们穿过各种造型的玛瑙、水晶的孔道，最后搭配成一套组佩，该是何等华丽。

东周时期的玛瑙制品除了组佩的搭配方式之外，还有一类与其他物品相组合的方式也比较奇特，现藏于山东博物馆的一件战国时期文物较为特殊，它是由一枚玛瑙环与丝织品相搭配，丝织品在北方地区半年干半年湿的环境中一般难以保存下来，这件文物却在特殊环境中得以幸存。临淄地区的同时期墓葬中往往有不少玛瑙环单独出现在人体骨架腰部，或许就是有这样的搭配方式，只是因为埋藏的地理环境问题，与其一起的丝织品没能保存下来。（图98）

第二节 东周时期水晶、玛瑙组佩的佩戴方式

1. 腰部佩戴

西周时期玉组佩多为一组，佩戴于颈部，东周时期很多组佩分为左右两组，佩戴于腰部革带上。

出土于湖北荆州纪城1号楚墓和湖北江陵武昌义地楚墓的漆木俑身上绘有佩戴玉组佩的彩绘，其组佩就是分为两组垂挂于胸前的革带上。孙庆伟在《周代用玉制度研究》一书中认为其佩戴方式与春秋战国之交流行的深衣有很大关系。临淄郎家庄东周墓出土的两套水晶、玛瑙组佩的佩戴方式应与上述漆木俑彩绘一致。而在临淄地区东夏庄墓地M6P9X17中组佩出土的位置更加证实了这种佩戴方式。（图99、图100、图101）

图99 左边为湖北荆州纪城1号楚墓出土的漆木俑彩绘组佩图，右边为湖北江陵武昌义地楚墓出土的漆木俑彩绘组佩图

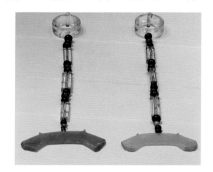

图100 临淄齐都镇郎家庄东周墓出土的水晶、玛瑙组佩

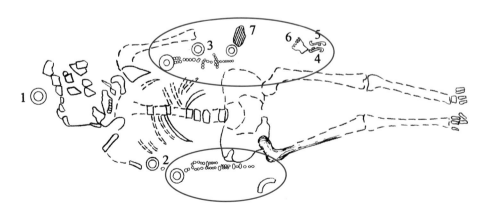

图101 临淄东夏庄M6墓17号殉人的组佩出土位置图。图片引自《临淄齐墓》

以上是左右两串组佩的佩戴方式，在考古出土的完整的水晶、玛瑙组佩中，有单独一串的组佩（图102），这种组佩的佩戴方式我们可以参考其在临淄地区东夏庄墓地M6P9X16中的出土位置做一推理，这一单串的组佩出土于骨架两腿之间，这种单串组佩应当是系于人体正前方的腰间佩饰。（图103）

图102　2005年5月于临淄国家村M9墓出土的单串水晶、玛瑙组佩。本图引自《临淄新出土文物集粹（1998—2006）》

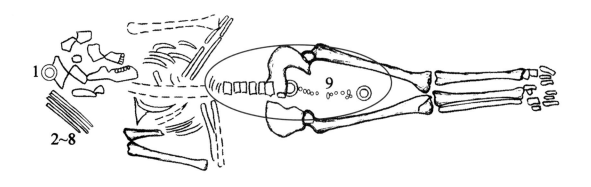

图103　临淄东夏庄M6墓16号殉人的水晶、玛瑙组佩出土位置图。图片引自《临淄齐墓》

　　河南信阳出土的漆木俑上彩绘的玉组佩则是由一个挈领悬挂两串珠玉（图104），临淄地区的墓地出土的两套组佩应属于信阳木俑的这种佩戴方式，临淄南马坊村南墓地M1111P4X3殉人身上出土的水晶、玛瑙组佩则证实了这类组佩的悬挂位置。（图105）我们参照博物馆内陈列的同类项组佩就会发现，这样的分流方式不足以撑开两条串饰的间距，这种组佩的佩戴方式也许不是我们认为的那样自然垂挂，或许是用丝织品固定于衣物上。

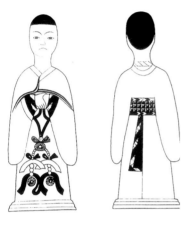

图104　河南信阳出土的木俑彩绘玉组佩图

图105-2　临淄地区出土的由一个挈领分流出两串水晶、玛瑙组佩

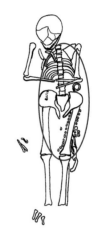

图105-3　临淄南马坊村南M1111墓3号殉人的水晶、玛瑙组佩出土位置图。图片引自《临淄齐墓》

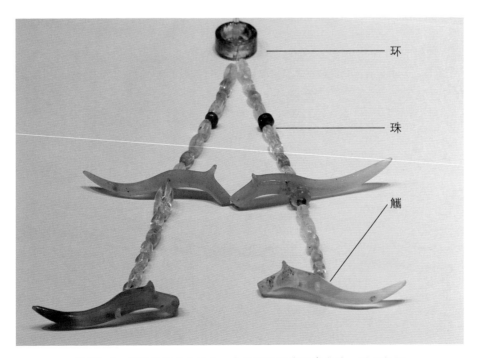

图105-1　临淄地区出土的由一个挈领分流出两串水晶、玛瑙组佩

2. 颈部佩戴

没有絜领的组佩则意味着无法悬挂，参照临淄范家庄墓地M91P4殉人身上组佩出土位置推测，这类完全由珠、管组成的数量较多围度较长的串饰应属于项饰。（图106）

图106-1 临淄出土的由水晶珠与玛瑙管组成的项饰

图106-2 临淄地区出土的东周时期完全由水晶珠组成的项饰

图106-3 临淄出土的完全由玛瑙管组成的项饰

图106-4 洛阳中州路春秋墓葬出土的由水晶和松石珠子组成的项饰

图106-5 临淄范家庄东周墓水晶项饰出土位置图。图片引自《临淄齐墓》

3. 腕（臂）部佩戴

在临淄地区的考古发掘中发现有不少全部由水晶、玛瑙制作的珠饰组合，数量较少，为二三十颗，围度较小。我们根据其在墓葬中的出土位置可以推断其当为臂部或者腕部佩饰。（图107）

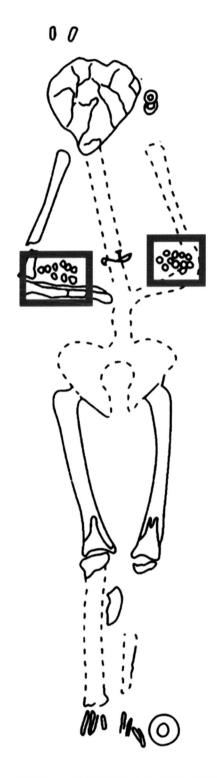

图107-1 临淄地区出土的珠饰组佩位置图。
图片引自《临淄齐墓》

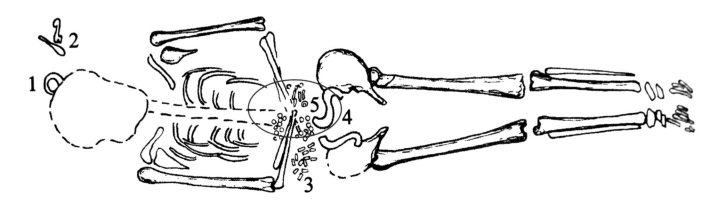

图107-2 临淄地区出土的珠饰组佩位置图。图片引自《临淄齐墓》

4. 其他佩戴方式

在《临淄齐墓》一书中，有在墓葬中发现单独一个玛瑙环出现在殉人头部的出土记载。此种案例较多，例如临淄东夏庄墓地M6的28号、29号以及31号殉人，在颅骨位置都出土有一枚玛瑙环，出现在这个位置似乎说明其另有用途。（图108）

而在临淄东孙战国墓几处殉人墓中殉人头部成堆出现的水晶、玛瑙佩饰则不属于这种情况，更像是把成套的水晶、玛瑙组佩装在木盒中随葬在头部一侧。木盒腐朽之后就成了现在的状态。（图109）

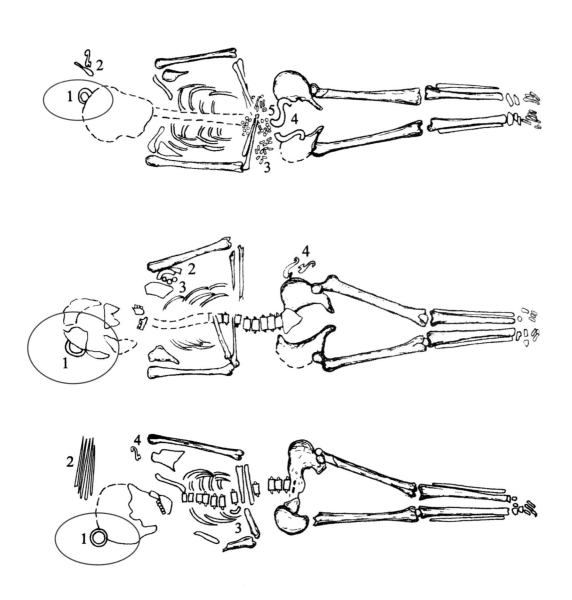

图108　这种单独出现于颅骨位置的玛瑙环似乎说明其另有用途。图片引自《临淄齐墓》

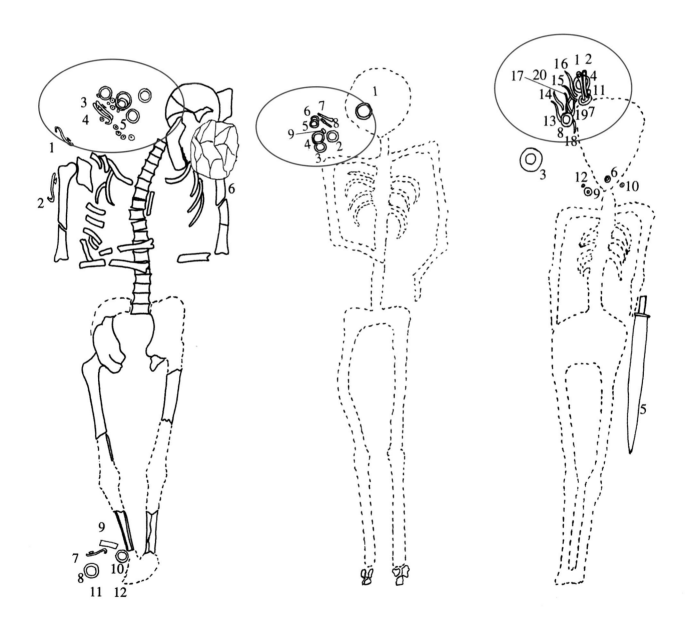

图109　这种杂乱地堆放于殉人头部的水晶、玛瑙佩饰更像是成套的组佩装在木质的盒子或者包裹中随葬于头部位置，盒子或包裹腐烂之后就成了这样的堆积状态。图片引自《临淄齐墓》

第五章

东周玛瑙佩饰的齐晋之分
及水晶佩饰的归属

东周在学术上是一个百家争鸣的时代，与此相应，本时期的玛瑙、水晶佩饰也在不同国家和地区如百花齐放般地被制作生产。从东周时期玛瑙、水晶佩饰不同的造型特征、选料和抛光上，我们可以明显地看出有两个地区存在比较大的区别，东部区域以临淄为中心的山东地区出土的玛瑙佩饰有自己独特的风格，西部以山西、河北南部为中心的地区又是另外一种风格。这两者分别代表了两种不同地区的风格，我们姑且称之为齐系和晋系，因为这两个区域在当时正好分别对应齐国与晋国的势力范围。与齐国比邻而居的鲁国，受齐国影响很大，也有数量众多的水晶、玛瑙制品出土，其境内出土的水晶玛瑙佩饰大致可以断定其生产地应为齐国。那么齐系与晋系的区别在哪？我们大致可以从以下五个特点对其作出区分。（图110）

图110　东周时期的玛瑙佩饰

第一节　造型上的区别

1. 齐、晋玛瑙环的造型区别

平台环，因其造型类似车轮，坊间也称之为"车轮环"。这类造型的玛瑙环是春秋时期齐国特有的造型，在以齐国都城临淄为中心地区的齐国墓葬中发现最多，并且在齐国本地发掘出土的此类造型的玛瑙环与其他诸侯国相比，其在出土地点密集程度和数量上均居首位，高于其他任何一个诸侯国，这是判断齐国为其生产地的重要依据。而晋国地区的玛瑙环则是另外一种状态，晋系玛瑙环的典型特征是在平台环的基础上把外缘做成了凸棱的造型，与齐系平台玛瑙环外缘的立棱的区别很明显。（图111）

另外晋国地区也有一种类似于齐国平台环造型的玛瑙环出土，这种玛瑙环造型与齐国的平台环近似，但又有区别，尺寸较大而又非常扁平。这种造型的玛瑙环在齐国地区偶有出土，数量较少，比晋国地区的个头偏小。

玛瑙环的齐晋之分从目前的考古出土实物看是有局限性的，有两种造型的玛瑙环受考古资料的限制无法从造型上得以准确地划分，即三才环和六线环。这两类造型的玛瑙环在齐、晋地区的遗址内都有大量出土，从造型上无法准确地区分产地在哪，但是从选料上可以区分产地。概括来讲，晋地的三才环多采用带有多种色彩的玛瑙料，而齐地的三才环以白、透玛瑙料为主，偶有带色的，但数量较少，颜色也不及晋国丰富。（图112）

图111　齐、晋玛瑙环造型对比，左边为齐系玛瑙环，右边为晋系玛瑙环

图112　齐、晋三才玛瑙环选料区别，左边为齐系玛瑙环，右边为晋系玛瑙环

2. 齐、晋玛瑙觿的造型区别

齐国的玛瑙觿在造型上是头部短粗，尾部细长，横截面近似于方形，形体弯曲度变化较小，由头部到尾部逐步变细，直至形成尖尾，整体呈流线型，头、尾比例协调。造型呈S形，但是弯曲度不如晋系的夸张。（图113）

晋系玛瑙觿往往最宽处不在头部，而在头部靠后处，位于打孔的位置。形体较扁，横截面呈长方形，形体弯曲度起伏较大，呈较为明显的S形弯曲。（图114）

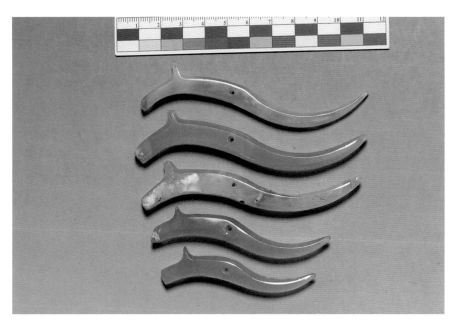

图113　齐国地区玛瑙觿的造型

图114　晋国地区玛瑙觿的造型

第二节　用料上的区别

东周时期齐国与晋国的玛瑙佩饰在用料上有着明显的不同，齐国玛瑙佩饰的选料以白、青、透玛瑙料为主，黄色和淡红色玛瑙料次之，偶有彩色料子的，颜色较淡，数量较少。（图115）

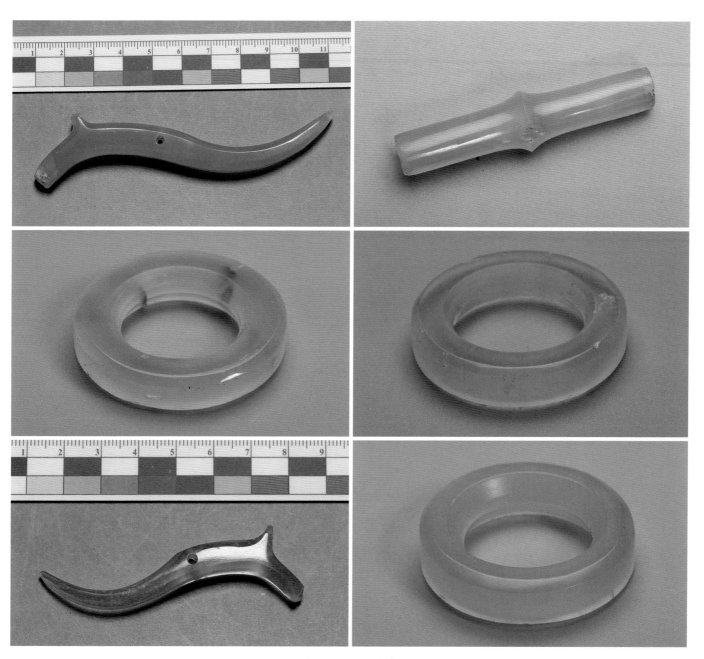

图115　齐国地区不同选料的玛瑙佩饰

晋国的玛瑙佩饰选料除了白色、黄色玛瑙料之外，还有很多彩色玛瑙料，也叫影子玛瑙。彩色质地的玛瑙的数量明显多于齐地。这两地的用料差别与矿料的开采地点离不开关系。古代开采玉石和玛瑙一般都是采取就近取料原则，晋国与齐国的玛瑙制品很可能就近取自本国的某处矿藏。值得注意的一点是，晋国地区东周玛瑙佩饰的取料与清代时期很多玛瑙烟嘴的取料质地非常接近，这两者之间是否存在联系，是否取自同一处矿产地，这个问题有待研究。（图116）

图116 晋国地区不同选料的玛瑙佩饰

第三节　抛光上的区别

一个很容易观察和注意到的问题是，齐国的玛瑙和水晶佩饰在抛光上明显高于其他地区。齐国地区的水晶、玛瑙佩饰，不管是玛瑙环还是其他造型的水晶、玛瑙制品，其抛光处理都做得极为精细，我们在博物馆的射灯下能明显观察到其温润柔和、自内而发的光气，光亮而又含蓄，视觉上柔和不刺眼。古代的匠人虽然是以严格的工匠精神去制作每一件东西，但是在不影响美观的前提下，古人是容许一部分细小的瑕疵存在的。比如玛瑙佩饰上残留的打磨痕迹，虽然抛光之后仍然隐约可见打磨痕迹的残留，但是已经在省时省力与美观之间，在鱼与熊掌不可兼得的情况下尽最大可能地抛出了玛瑙的光气之美。相比之下，晋国地区有一部分的玛瑙制品在抛光处理上略逊一筹，有很多玛瑙的表面抛光不是那么到位，我们通过对比可以看出两者之间的差距。（图117、图118）

图117　上为抛光后的齐国玛瑙，下为抛光后的晋国玛瑙。部分晋系玛瑙环有肉眼可见的打磨痕迹，相比之下，齐国的抛光更加精细。总体来讲，齐国的玛瑙佩饰抛光都很精细，晋国地区的玛瑙有一部分抛光较粗糙，但是也存在很多精抛光的

图118　齐、晋两国的三才环抛光对比，左为抛光后的齐国三才环，右为抛光后的晋国三才环。齐国三才环抛光精细，晋国三才环有很多抛光较为粗糙

117

晋系的玛瑙环在抛光上有部分为哑光，这点无论是在晋系环的平面上还是在三才环的斜面上，都有案例，尤其是在三才环的斜面上，有一部分晋系三才环保留着打磨形成的一个个细小的棱面，这也成为区分晋、齐两地三才环的一个重要依据。当然，晋系环里面也有相当多制品的抛光是很好的，这里说的只是部分晋系玛瑙环里面存在而齐系里面没有的情况。（图119）

齐国

晋国

图119　齐、晋三才环斜面棱面对比，左侧为齐系三才环，
右侧为晋系三才环。齐国三才环打磨平整光滑，晋国有部分三才
环表面残留有打磨粗坯时候的棱面

第四节　打磨上的区别

　　玛瑙佩饰的制作先是通过敲击制作粗坯，然后经过打磨塑形，其后再抛光处理，最后成器。齐国和晋国既然都有着各自的制造作坊，那么也必然存在着不一样的打磨工艺，我们通过对比分析数量众多的样品发现，齐、晋两国的玛瑙在打磨过程中用的研磨砂颗粒粗细度是不一样的，齐国地区采用的研磨砂比晋国地区的要细。（图120）

图120　齐、晋玛瑙环打磨痕迹对比，左为齐国玛瑙环，右为晋国玛瑙环。齐系玛瑙环在放大镜下隐约能看到残留的打磨痕迹，晋系玛瑙环表面残存着很多肉眼可见的打磨痕迹

　　在齐国东周时期遗存的玛瑙佩饰中经常能看到一种比较奇特的现象：有一些玛瑙觿和平台环的两侧平面，古人没有对其进行最后的抛光处理工艺。这并非半成品，因为其他该抛光的部分都经过了精细抛光，唯独没有对平面位置进行抛光，而且这种奇特的现象只存在于齐国的平台玛瑙环和觿这两种器型上。这也许是古人加工过程中的疏忽，但是这种疏忽恰巧给我们展现了未经抛光处理的原始打磨状态，我们能直观地看到未经抛光处理的原始打磨痕迹。（图121—图124）

　　与晋国地区的玛瑙佩饰对比，齐国地区的玛瑙佩饰的原始打磨痕迹比晋系玛瑙佩饰抛光之后残存的打磨痕迹还要精细，这意味着齐国在打磨玛瑙佩饰过程中用的研磨砂颗粒比晋国的细。这种细颗粒的研磨砂在打磨过程中的优点是对后期的抛光非常有利，不需要耗费太多精力，稍做抛光处理就会出现温润水亮的光泽；其缺点是打磨速度相对较慢，在打磨定型的过程中无疑会比晋国耗费的时间更多一些。

图121　齐国未抛光玛瑙环与抛光玛瑙环对比图，上为平面位置未抛光的玛瑙环，下为平面位置抛光的玛瑙环

图122　平面位置未抛光的玛瑙环其侧面却是精抛光

图123　两侧位置未抛光玛瑙觿与抛光玛瑙觿对比图，上面两件玛瑙觿两侧未抛光，下面一件玛瑙觿
两侧已抛光。这种两侧未抛光的玛瑙觿和环也是齐国特有的一个特征，在晋系玛瑙饰品中尚未发现

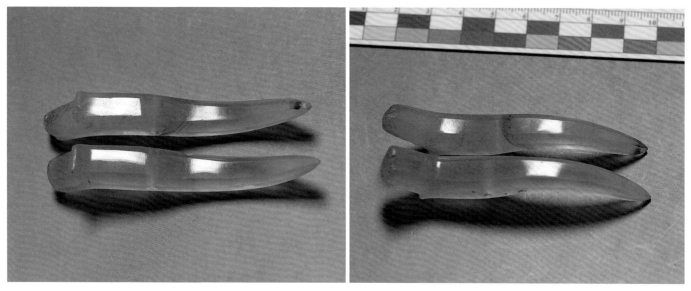

图124　两侧未抛光的玛瑙觿其上下两面皆为精抛光

第五节　尺寸上的区别

　　总体来讲，齐国的玛瑙环尺寸较小，小者2厘米左右，4厘米左右直径的玛瑙环占了大多数，尺寸超过7厘米的极为少见。尺寸偏大的玛瑙环在晋系玛瑙环中居多，有的尺寸甚至超过10厘米。当然，这并不意味着晋国没有小环，小尺寸的玛瑙环在齐、晋两国都在数量上占了较大的比例。我们以7厘米直径为大小环分界线的话，现存世的大尺寸玛瑙环中大约有80%出自晋国地区。导致这种情况的原因也许是因为佩戴方式的不同，在山东境内的齐国墓葬中的玛瑙环多以组佩的方式出土，而在晋国范围之内的墓葬中很少见到成系列的组佩，所以晋国地区的大环也许有着另外的搭配使用方式。（图125）

图125　齐、晋玛瑙环大小对比图，左为齐国玛瑙环，右为晋国玛瑙环。齐系玛瑙环中小尺寸的占了很大比例，晋系玛瑙环中大尺寸玛瑙环占有比例比齐系的高

第六节　水晶佩饰的归属

　　关于东周时期的水晶佩饰，难以对其属齐系还是属晋系作出明确的区分。"千种玛瑙万种玉"，玛瑙几乎是每处矿藏都有自己的特色，而水晶不像玛瑙那样内有各种各样的包含物，它只有几种包含物；没有玛瑙颜色上的千变万化，它只有透明色、紫色和茶色等几种固定的颜色。齐晋两国东周时期的水晶佩饰不同于同时期两国之间打磨、抛光风格迥异的玛瑙佩饰，它们之间没有明显的区别。这两地出土的水晶佩饰更趋向于齐国的特征，而且从目前的出土状况来看，晋国地区出土水晶制品的数量相对齐国较少，齐国在出土数量上明显优于晋国地区，齐国地区出土过几乎全部由水晶材质制作的组佩，而在晋国地区则没有发现这种情况。再例如临淄地区的相家庄5号墓，在多次被盗之后仍然出土了水晶、玛瑙佩饰298件，其中水晶佩饰数量高达256件；相家庄4号墓出土水晶、玛瑙佩饰总数达452件，水晶制品占了371件。因此我们也大胆地设想，晋地的水晶佩饰有可能都是来自齐国。当然，这仅仅是一种猜测，具体情况则需要对两地出土的水晶做更为细致深入的分析对比后才能下最终定论。（图126）

图126　山东博物馆藏组佩，除了有少数玛瑙珠之外，几乎全部由水晶制成

第七节　齐晋之外的玛瑙佩饰

　　东周时期的玛瑙佩饰除了齐、晋两国之外还有一个地区与众不同，那就是陕北—晋北—河北北部地区，这一地区的三才环比较独特：用料上与晋国迥异，与齐国接近，但是在打磨工艺技术上又较齐国粗糙，造型上又有自己粗犷厚重的风格。因为没有太多的资料参考，我们推测这有可能是当地的作坊制作的。三才环是战国时期的一种玛瑙环造型，各地区的造型大致相似，但是厚度不均，我们说的这个厚度不是具体为几毫米的数据，而是造型上的宽厚比例。齐国地区的三才环总体上讲宽厚比例适中，抛光很亮；晋国地区的三才环偏薄，抛光较粗；陕北—晋北—河北北部地区所出的玛瑙三才环厚重粗犷，抛光与齐国相比较粗，其中有一类尤其厚重，其宽厚比例差距很大，其厚度大于宽度，甚至于接近宽度的两倍，这也是此地区三才环的显著特征之一。此地区的三才环另外一个特点是尺寸较大，常有七八厘米甚至于十几厘米直径的大尺寸玛瑙三才环，这与齐国地区玛瑙环尺寸普遍偏小的特征形成鲜明对比，有着游牧地区粗犷厚重的风格，以目前的情况来看，难以定论它是属于本土地区游牧民族模仿中原风格制造的还是晋国分裂之后赵国另起炉灶生产的。我们只好把这类单独划分出来，作为以后的一个待研究课题看待。（图127、图128）

图127　陕北—晋北—河北北部地区的玛瑙环粗犷厚重，抛光较粗

图128　齐国地区的三才环造型比例适中，抛光较精

　　除此之外，在江浙地区的越国土墩墓中出土过一类特殊造型的玛瑙饰品，这种玛瑙饰品造型为月牙形，穿孔位于中间。此类造型的玛瑙饰品仅见于越国墓葬，有可能这些造型奇特的玛瑙饰品为越国本地生产制作。（图129）

　　另外一个问题就是，晋系玛瑙佩饰偶有在齐地出土，齐系水晶、玛瑙佩饰也经常会在晋地出土，或者齐国和晋国风格的水晶、玛瑙佩饰出现在齐、晋两国范围之外的地区，例如湖北荆州、襄阳以及河南洛阳、郑州、新郑等中原各地的东周墓葬几乎都有出土记录，尤其洛阳地区有很多齐国风格的玛瑙环出土，甚至于巴蜀、甘肃、吴越等偏离中原的地区也有出土。这些地区出土的数量比起齐、晋两地较少，没有十分独特的当地风格，洛阳地区春秋贵族墓所出土的平台环、湖北荆州熊家冢出土的玛瑙环、曾侯乙墓出土的玛瑙环，我们从其用料、造型和抛光工艺上看都是典型的齐国风格。（图130）

　　这些水晶、玛瑙制品在当时作为贸易商品、国君馈赠品和媵器或者通过战争掠夺等方式而流通于各诸侯国的可能性更大一些，洛阳地区的水晶、玛瑙制品有可能是齐国"尊王攘夷"过程中向周天子进贡的财物，而流通到其他诸侯国的这部分水晶、玛瑙佩饰可能是因为赏赐、馈赠、贸易等流散于各个角落。毕竟那个时代的商业贸易范围远比我们史书上可查资料的范围广阔得多。西周晚期晋侯墓中有地中海沿岸的腓尼基人制作的琉璃珠出土，齐、晋两地区的玛瑙水晶佩饰出现在其他诸侯国当然也不足为奇。

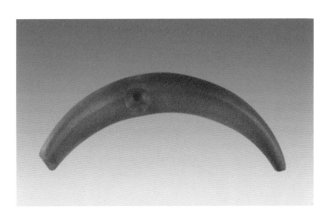

图129　越国月牙形玛瑙饰品

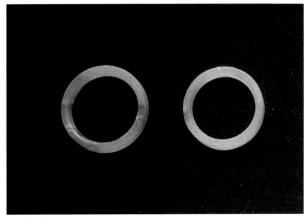

图130　随州擂鼓墩2号墓出土的这些玛瑙环无论是从选料上还是从造型上看，都像是来自齐国，极有可能是通过贸易或者其他渠道流传到曾国

第六章

红缟玛瑙与水草玛瑙

第一节　红缟玛瑙名字的来由

红缟玛瑙不是古代的称呼，"玛瑙"一词最早出现于汉代，所以这并不是它在先秦时期的称呼。"缟"本意是一种丝绢，"熟帛曰练，生帛曰缟"。也就是未经染色的白色丝织物，泛指丝线。而缟玛瑙是玛瑙众多种类中的一个品种，隐晶质石英的一种，是一种呈现平行排列带状条纹纹路的玛瑙，"缟"的称呼恰如其分地解释了这种玛瑙的质感与纹理。缟玛瑙往往拥有不同颜色的色层。因为红缟玛瑙主体色调以红色为主，呈现不同深浅的明艳红色和深红色，并与少数的其他颜色带互相辉映，所以今人称之为"红缟玛瑙"，因有由此类玛瑙原料制成的战国时期的文物出土，所以也有人称之为"战国红"，而它的真正名称则有可能是先秦史料中记载的"赤玉"。（图131）

图131　红缟玛瑙原矿

第二节　红缟玛瑙的致色原理

红缟因为其浓艳如鸽血的红色而著称，通过显微观察、电子探针、X射线粉晶衍射、显微拉曼光谱、差热分析等实验手段对战国红玛瑙的结构、成分和颜色进行研究发现，战国红玛瑙在正交偏光显微镜下可见从围岩到中心的四种结构：细粒结构、短纤维状结构、长纤维状结构和晶质石英。这四种结构常有规律地重复出现。战国红玛瑙的主要成分为石英，也就是二氧化硅，次要成分为斜硅石，并含不到1%的水。不同颜色和结构的样品在拉曼光谱中均可见斜硅石的特征峰，其中最具特征的501—503 cm^{-1}峰可与α-石英的464 cm^{-1}峰相区别；通过斜硅石和石英各自的峰值积分比率可以计算斜硅石的含量，同一块样品中不同位置所含斜硅石含量为0wt%—20wt%；同时通过拉曼校准曲线函数估算斜硅石在被测样品中的总质量百分比较低，最多到40%，斜硅石主要存在于细粒结构和短纤维状结构中。战国红玛瑙的颜色多呈条带状分布，少数呈团块状及弥散状分布，显微镜下可见有红色或黄色点状物聚集。

经电子探针测试可知红缟玛瑙主要因铁离子致色，经显微拉曼光谱测试可知其颜色是由单一矿物或几种矿物混合产生：红色主要由赤铁矿和针铁矿共同致色，其中针铁矿含量越高，红色越明快，赤铁矿含量越高，红色越暗；黄色主要由针铁矿致色，针铁矿和二氧化硅含量比例不同会产生深浅不同的黄色，针铁矿含量越高，黄色越深，二氧化硅含量越高，黄色越浅；暗红色主要由赤铁矿致色，二氧化硅含量较低，因为针铁矿在几百摄氏度的高温下可以转变为赤铁矿，因此推测赤铁矿可能是由针铁矿脱水形成。[1]

---

① 谢天琪：《辽宁阜新"战国红"玛瑙致色机理及结构成因研究》，硕士学位论文，中国地质大学，2014。

第三节 红缟玛瑙佩饰的断代

1. 造型断代

东周时期红缟玛瑙佩饰有珠、环、管等造型，我们对比这些器型来看，都是经典的战国时期的造型，尤其是红缟玛瑙环，它的造型基本上都是三才环造型，这是典型的战国时期的玛瑙环造型，是战国时期的代表造型，那么从造型断代上分析，红缟玛瑙被大规模开采利用应该始于战国时期。（图132）

图132 红缟玛瑙环的造型基本都是战国时期的三才环造型

2. 出土墓葬断代

目前为止，发现有红缟玛瑙佩饰的墓葬有很多，例如：山东临淄地区的单家庄战国墓、浙江杭州地区的半山战国墓、河南新郑地区西亚斯学院战国墓地、河北平山地区的战国时期中山王𰀀墓（图133）、湖北荆州地区的望山M2楚墓、河南淅川和尚岭楚墓、辽宁建昌东大杖子战国墓、湖北荆门沙洋地区的左冢楚墓等。

结合上面的考古资料就会发现，这些墓葬的时代毫无例外地都属于战国时期，这是红缟玛瑙兴起于战国时期的有力证据。同时，红缟玛瑙在造型上的断代与墓葬的年代又可以互相验证，共同证实红缟玛瑙的成规模开采利用始于战国时期。

之前有专家提出观点，红缟玛瑙始于夏家店文化下层（商）—零星出现于西周—蓬勃发展于春秋战国—两汉逐渐消退—辽、金又于辽宁西部、内蒙古东部地区兴起，其后淡出，今又复出。

此观点有局限性，虽然由红缟玛瑙制作的文物零星出土于史前至西周各大文化遗址中，但是史前文化和夏家店文化下层出土的敲击制作的红缟玛瑙箭镞和珠饰很可能采用的是一种就地取材的方式，因为它没有在全国范围内普及开来，西周零星出现的红缟珠饰也大致属于同种情况，如果说这是一种传承的话，它的使用历史不会在春秋时期出现断层。我们从出土分布也看得出，在战国时期中原地区的韩、赵、魏、郑、齐、鲁，北到古代属于燕国的势力范围的辽宁东大杖子战国墓，西北到甘肃地区西戎部落控制的张家川马家塬地区，南到楚国南部边疆，东南到吴越地区都有红缟玛瑙环的考古出土记录，这个时期的红缟出土是遍布全国的，这显然不是零星被利用起来的矿石，而是有了稳定的矿石来源。这都是中国古代红缟玛瑙最早成规模开采于战国时期的重要证据。

图133　中山王𰀀墓新老照片

第四节　红缟玛瑙佩饰的出土分布

　　这时期的红缟玛瑙出土点几乎是遍布全国的，除开边疆地区，以汉文化为主流的东周列国旧地故城皆有出土点分布，中原腹地的齐、郑、燕、韩、赵、魏、中山、鲁等各国的出土案例不在少数，连偏居一隅的越国和吴国都有出土记录，西北最远到了西戎控制的甘陇地区，分布范围很广。（图134）

　　出土红缟玛瑙制品的战国墓很多，遍布全国，如辽宁建昌东大杖子战国墓，山东临淄单家庄战国墓、曲阜鲁国故城58号墓、湖北江陵望山1号和2号墓、荆门左冢楚墓、当阳金家山39号墓、枝江姚家巷3号墓、荆州天星观M2，河南淅川和尚岭楚墓、南阳名门华府32号战国墓、新郑西亚斯战国墓地，甘肃张家川马家塬M18，河北平山中山王𰯼墓、邯郸市钢铁总厂西区墓葬，湖南长沙黄泥坑4号战国墓，浙江杭州地区半山战国墓，山西长治分水岭战国墓，安徽六安市电站工地战国墓。

图134　出土于河北地区战国时期中山国的红缟玛瑙珠饰

第五节　红缟玛瑙佩饰的种类与形制

　　战国时期红缟玛瑙佩饰的造型品种较少，有环、珠、管等造型（图135—图137），也有个别其他器型，比如邯郸市博物馆收藏有一件出土于战国墓的带钩（图片参照本书第三章第七节）。

　　红缟较为常见的造型为环和珠，红缟玛瑙环的造型虽然都是三才环形制，但是与其他颜色的玛瑙三才环又有着明显的区别，这个区别在于它比普通的三才环要扁平许多，没有厚度大于宽度这种比例的造型，多数都是薄而平的三才环造型。这种造型有可能与古代开采技术落后，路途遥远，加上红缟玛瑙矿石稀缺这些原因有关，使得古人不得不极力节省矿料，用最少的料做成最大面积的玛瑙环，但是更重要的一个原因是，这种扁平的造型能最大化地展现出红缟玛瑙的色彩之美。这也许是古人审美观的一个体现。（图138）

图135　红缟玛瑙环

图136　红编玛瑙珠子

图138　红编玛瑙环特意做成扁
平状能最大限度地展现其艳丽色泽

图137　红编玛瑙管

第六节　红缟玛瑙佩饰的制作地区

目前为止，我国境内已发现一处东周时期的玛瑙作坊遗址，这处遗址位于燕国范围内，其位置位于燕下都遗址，但是尚未进行正式考古发掘，所以目前来看比较遗憾。

武阳台是燕下都遗址中燕国宫殿建筑群中的一处宫殿台基遗址，台基的南侧部分已经被村民取土损毁，损毁部位可看到有大量战国时期的瓦砾堆积，燕国被秦灭亡后武阳台也被付之一炬。现存台基高11米，东西长140米，南北宽110米，是现存燕国宫殿台基遗址中规模最大的一座。据考古推测，其应为燕王处理政事、行使权力的办公场所。被发现的这处玛瑙作坊遗址的位置就位于武阳台西侧几百米左右的范围内，此范围内的高陌村，据记载，早在20世纪90年代就有村民在自家夯土院墙的泥土里发现古代玛瑙矿料，这其中就有大块的红缟玛瑙料，再后来也有附近村民在暴雨过后的田里捡到红缟玛瑙矿料的事情。而事实上此地并非红缟玛瑙矿产地，这种远离山区，在故城遗址内，尤其是宫殿遗址附近残存的红缟玛瑙料的发现毫无疑问是与玛瑙作坊相关，这处遗址的发现具有很重要的考古意义，一来可以证实东周时期玛瑙器的制作是由国家垄断的；二来从作坊遗址到宫殿的距离如此之近可以看出，国家对于此项事情的重视性以及其在古代的珍贵程度和等级之高。此处玛瑙作坊遗址被发现的第三个积极意义是，我们可以以此为参考来寻找齐国的此类作坊遗址的分布区域：齐国的玛瑙、水晶制品的作坊或许也像燕国这样在王室宫殿遗址附近。

我们在本书的第五章"东周玛瑙佩饰的齐晋之分"中提到，从造型上可以看出齐国势力范围内的玛瑙佩饰与三晋地区的玛瑙佩饰有着显著的区别，关于燕下都遗址内发现的这处玛瑙作坊是否就是晋系玛瑙佩饰的生产地，这需要对此处作坊遗址进行系统的考古，发掘出更多的实物证据来对比证实，当然也不排除除此之外有多个制造作坊存在的可能性。

第七节　红缟玛瑙与中国的红色崇拜

　　带有神秘色彩的各式各样的崇拜在人类进化史上的各个文明中都有体现，其中中国人对于红色的崇拜有着非常古老的历史，早在史前文化中就有红色崇拜现象——红殓葬，亦称"朱砂葬"。（图139）在中国发掘的距今3.4万—2.7万年的山顶洞人[②]二次合葬墓中，已经发现古人有意识地在尸骨下方铺撒赤铁矿粉的现象，同样的现象在广西桂林甑皮岩遗址、南宁地区诸贝丘遗址，广东潮州潮安陈桥村遗址，以及陕西宝鸡北首岭、河南洛阳王湾等仰韶文化墓葬中都有发现，山东胶州三里河大汶口文化墓葬中所见到的尸骨局部或全

图139　朱砂葬，古代自文化期至汉代盛行在墓葬中铺一层朱砂

---

　　②　中国华北地区旧石器时代晚期的人类化石，属晚期智人。因发现于北京市周口店龙骨山北京人遗址顶部的山顶洞而得名。1930年发现，1933—1934年由中国地质调查所新生代研究室的裴文中主持发掘。科学家新的测定结果，将山顶洞人的距今年代，由以往的距今约1.8万年改为距今约3万年。测定结果表明，山顶洞文化年代应介于距今3.4万年至2.7万年之间。人类学家根据新的测定数据推断，早在2.5万年前，中国人的祖先已会缝衣御寒，用穿孔贝壳满足审美要求，并实行埋葬死者，撒赤铁矿粉的原始宗教仪式。研究人员说，在距今4.4万年至2.8万年，地球上出现了一个较为温暖的亚间冰期，而距今3万年左右的时期则是这段亚间冰期的最高温期。这就解释了山顶洞动物群化石中为什么会有果子狸、似鬣狗等热带和亚热带林栖和林缘栖动物，而不含华北地区冰川期常见的披毛犀、猛犸象等喜寒动物等疑问。

部涂朱色的现象，应是施用红色颜料涂尸所致。

在湖北天门石家河新石器时代晚期文化墓葬发现的用红色胶泥殓尸的习俗，恐怕是与红殓葬有关的一种演变形式。到了龙山文化至西汉时期，墓葬中墓主人的棺椁里面，确切地说是在内棺底部开始盛行铺撒一层朱砂粉末。不啻于此，同时期还流行起了朱砂葬与红漆棺椁组合配套的殓葬方式。

红殓葬的产生、发展和流行，反映了古人崇尚红色的一种习俗。之所以崇红和流行红殓葬，有可能是因为他们认为红色代表和象征生命，因为血是红色的，是人类维系生命不可或缺的物质。古人有可能在狩猎过程中看到血的流失、停滞，认为这意味着生命的终结。他们认为活着的人需要血的支持，死去的人也需要血的补给。红殓葬事实上是古人所理解的一种血液的再造，史前远古时期处于蒙昧状态的古人无疑给这种浓艳的血红色赋予了神秘的色彩，认为这种神秘的色彩具有某种强大的神秘力量，逝者在这样的殓葬环境中，将虽死犹生，灵魂不灭，或者希望红色能给逝者带来复活的力量。这恐怕是中国远古的史前文明至商周乃至秦汉时期依旧盛行红殓葬习俗的主要原因。

有学者认为，西周因占火德而得天下，儒家学派曾提出"周人尚赤"这一说法，董仲舒对此曾作出诸多补充和注释。西周时期是否果真如此现在尚无法定论，但是当代在对西周时期的考古发现中，确实有不少红色色彩的文物出土，比如红色的玛瑙珠子、红色的玛瑙竹节管饰、红黑相间的漆器和彩绘以及有大量的朱砂铺地的墓葬。

如果说史前文明至先秦两汉这一时间段对红色是一种敬畏和崇拜，那么经过了魏晋之后，红色衍生出了红火、旺盛等吉祥寓意，比如说后来的婚姻嫁娶、添丁进口，或者中国人最隆重的春节时期，都盛行用各种样式的红色物件来装饰周围的一切。在这样的文化背景下，红色受到尊崇是一种必然，红缟玛瑙因为其鲜艳如血的颜色和稀有罕见的特性在这种文化氛围里受到贵族们的青睐也是理所当然的。

第八节 红缟玛瑙的选料产地

红缟玛瑙是一种曾经绝迹了的玛瑙品种，世人不知其产地在哪，现在市场上所见的大量的红缟玛瑙其实是2008年之后才陆续被人寻找到的。在这之前这方面的文物非常容易鉴定，只要是红缟的基本都是古代的，这一局面一直到辽宁北票、河北宣化的红缟玛瑙矿被发现之后被打破。

在之前的章节里面我们提到，红缟玛瑙料成规模地被开采利用始于战国时期，到汉代也有出土，北京大葆台汉墓有出土过未经雕琢的红缟玛瑙矿石原矿，成品的红缟制品也不少，不过汉代的红缟制品多见于剑饰，常见的有剑璏（图140），偶有剑首、剑格、剑珌和极少的以红缟、水晶伴生矿制成的镂空佩（图141），未见玛瑙环类制品。根据出土实物来看，汉代所采用的红缟玛瑙料很有可能与战国时代采用的不属于同一个矿口，汉代的红缟玛瑙制品多与水晶伴生。有相当多的汉代红缟玛瑙剑璏的背面完全由水晶洞构成，玛瑙中的水晶洞结构并不坚固，很容易碎裂，汉代人之所以这样做是因为受红缟玛瑙料的限制，实在无法避开这种结构，万不得已的情况下只能把漂亮的红缟部分朝外，而把水晶洞部分设计在剑璏的背面镶嵌在剑鞘里面。这种与水晶伴生的红缟玛瑙料在战国时期的红缟玛瑙佩饰上也有存在，但是不如在汉代红缟玛瑙制品中所占的比例高，相反，战国时期的红缟玛瑙佩饰常与一种在地质学上被称为"安山岩"的僵石伴生。

关于红缟玛瑙的历史记载，因战国末期的战乱，加上秦始皇的焚书坑儒和项羽焚烧秦宫，导致先秦史籍遗失非常惨重，因此在仅存的先秦史籍中很难觅到关于红缟玛瑙的记载，但是在《后汉书·东夷列传》中有这么一段记载："挹娄，古肃慎[③]之国也。在夫余东北千余里，东滨大海，南与北沃沮接，不知其北所极。土地多山险。人形似夫余，而言语各异。有五谷、麻布，出赤玉、好貂。"

这段历史记载中的"赤玉"，有考古学家考证极有可能就是红缟玛瑙，这一记载把红缟玛瑙的产地指向了东北辽宁地区。

其实战国红缟在辽宁地区早就有发现，只是当初未引起广泛关注，据北票市北沟村一位年过八旬的村民讲，他年轻放羊的时候便发现山上有红缟玛瑙以及明显的古代采挖痕迹。

---

③ 《山海经·海外西经》载："肃慎之国，在白民北。"三国吴韦昭注《国语》时曰："肃慎，东北夷之国。"《山海经·大荒北经》载："大荒之中，有山，名曰不咸，有肃慎氏之国。"由此我们知道古肃慎在白民北，其地有名曰不咸山的大山。《大戴礼记·少闲》都是用"海外"或"海之外"说明古肃慎所处的位置。《淮南子》的记载也是如此，"凡海外三十六国……自西北至西南方，有修股民、天民、肃慎民……"《子虚赋》的记载相较而言更为具体一些。司马相如借乌有先生之口提及："齐东赌有巨海，南有琅邪……邪与肃慎为邻。"借无是公之口说道："今齐列为东藩，而外私肃慎。"这里以齐国为坐标，指出古肃慎位于齐国国都临淄的东部海外，与齐国有所往来。"邪"通"斜"，临淄东部海外斜对的陆地，基本上与辽宁对应。参考沈一民：《再论肃慎、挹娄的关系》，《民族研究》2009年第4期。

图140　汉代红缟玛瑙剑璏

图141　汉代红缟玛瑙镂空佩

北票地区存珠营的北沟有一处位置残存着数以百吨的古代开采红缟玛瑙的矿渣，因为辽宁的红缟玛瑙矿石包裹在安山岩的基岩中，多数与基岩粘连在一起，所以这些矿渣应是古人把红缟玛瑙原生矿开采出来之后敲掉的石性重的基岩僵皮料。存珠营的土山上也有古代开采的痕迹，有很多旧料遗存。这些大量的红缟开采矿渣形成于何时，因为暂时没有做系统的考古发掘，所以至今尚无定论，不排除这里就是战国时期红缟玛瑙的采矿遗存的可能性。

红缟玛瑙另外一个有名的矿产地是河北宣化，燕昭王二十九年（前283）建上谷郡，宣化属于上谷郡，距离郡治怀来县距离非常近。明代《天工开物·下篇·珠玉》④对张家口地区所产的玛瑙有较为明确的记载："今京师货（玛瑙）者，多是大同、蔚州九空山、宣府四角山所产，有夹胎玛瑙、截子玛瑙、锦红玛瑙。"

从此史料记载可看出：宣化红缟玛瑙的开采历史不晚于明代，最早可以追溯到多远，目前尚无已发现的古代开采的遗址去证实。我们根据统计数据来看，从战国时期红缟玛瑙制品的出土数量和出土地点密集程度两个方面来看，以燕赵地区最为密集，包括河北境内的战国时期古中山国的辖地。

河北宣化料与辽宁北票在先秦时期一个直接属于燕国地区，另一个临近燕国的地区。关于战国红缟玛瑙料的产地这一问题，河北宣化与辽宁地区争执已久，宣化地区说战国时期的红缟玛瑙料采自宣化地区，辽宁北票地区的人则说战国红缟玛瑙料采自北票地区。战国红缟玛瑙具体采自哪里，我们可以把古代出土的红缟玛瑙制品与两地的矿料做一个对比。

河北宣化料的特点是多为圆球状，石皮薄，少数为满料实心，多数料子中心有水晶洞。（图142）辽宁北票的红缟料多数为夹在安山岩层中的山料，为层状或者块状，中心无杂质，只有少数原石中心有水晶洞。（图143）

我们对比出土于战国时期的红缟玛瑙就会发现，战国时期有相当多的红缟制品残留着安山岩僵皮料，这与北票红缟玛瑙矿的基岩不谋而合，而宣化的矿料却没有这种现象，从这点上看，如果战国时期的红缟取料来自上面两地的话，这一部分带安山岩僵皮的红缟玛瑙矿料采自辽宁北票的可能性更大。

前面讲过，战国时期的红缟与汉代的红缟料子有着明显不同的特征，而宣化料子多水晶洞的情况则与汉代红缟玛瑙制品有水晶伴生的现象比较吻合。汉代的红缟玛瑙料有可能采自宣化地区。当然，这些只是目前根据出土实物与两地料子特点对比得到的初步分析。战国时期的红缟玛瑙有带基岩僵皮的，也有一部分是伴生有水晶的，不排除当时有多个原料产地的可能性，比如横跨山西和河北的太行山脉中也有红缟矿脉存在。

红缟玛瑙除了以上两个矿点之外，在山东潍坊、四川凉山也有产出。凉山地区主要出

---

④ 《天工开物》是一部由宋应星编写，于明崇祯十年（1637）初刊的关于古代农业和手工业生产的综合性著作，是一部百科全书式的著作。作者在书中强调人类要和自然相协调、人力要与自然力相配合。全书几乎涉及工业文明以前的所有农业、手工业各部门、各领域、各工种的生产技术、工艺流程、设计文化等诸多方面。它是中国科技史料中保留最为丰富的一部，外国学者称《天工开物》为"中国17世纪的工艺百科全书"。

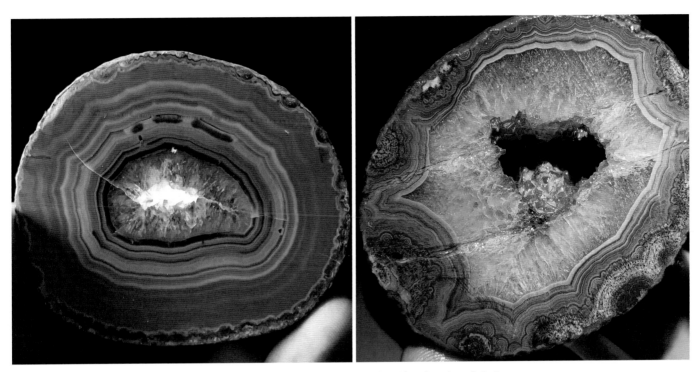

图142　河北宣化料。它的特征是多数料子中心部位有水晶洞

图143　辽宁北票料。它的特征是多数大面积伴生有安山岩

产南红玛瑙矿，但是矿区里面有些矿坑中产出的玛瑙矿石，其色调、质地与红缟玛瑙高度相似，难以区分。湖北、金沙江河道中也偶见零星矿料，但是湖北和金沙江地区未发现原生矿位置，浙江浦江也有少量矿料。其他地区出土的古代红缟玛瑙制品不排除产自其他矿产地的可能性，比如齐国境内出土的红缟玛瑙明显与燕赵地区的玛瑙有所区别，黄色调占的比例略大，齐国地区的红缟就地取材采用潍坊本地的矿料也不是不可能。但是大部分的红缟玛瑙制品，比如浙江半山战国墓出土的红缟玛瑙环，笔者更倾向于认为是从中原地区贸易流通过去的。这点我们可以将其与河南南阳地区出土的红缟玛瑙环做一个对比，南阳地区出土的一些红缟玛瑙环与浙江半山战国墓出土的红缟玛瑙环都带有着相同安山岩的僵皮，这说明两地的红缟产自同一地区的可能性更大。（图144—图146）[5]

图144 南阳市名门华府住宅小区32号战国墓出土的红缟玛瑙环上面伴生有大面积的安山岩

图145 这件红缟玛瑙环标本上也伴生有大量的安山岩

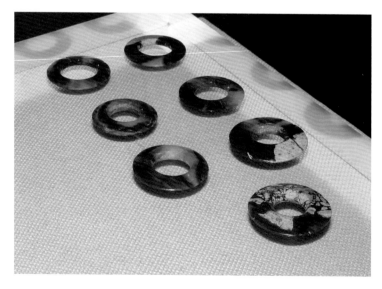

图146 杭州半山石塘战国墓出土的红缟玛瑙环上同样存在大量的安山岩

⑤ 参考资料：《战国红细考》《战国红消失之谜》《战国红玛瑙原石产地特点》《玉雕战国红之寻龙探脉》。

第九节 红缟玛瑙的等级

　　红缟玛瑙因为其矿产稀缺，所以在古代是一种高价值的佩饰材料，在现今借助发达科技的情况下也仅仅发现了寥寥几处矿产地。以辽宁北票红缟玛瑙矿为例，其寻找过程是很曲折的，寻找红缟玛瑙矿产地的活动任务开始后，首先找到的是和战国红同山脉的法库料，比较接近战国红，最后是在阜新的资助下，找到朝阳北票市的这个矿。古代没有现在的炸药和机械作业，开采技术相对落后，开采难度大。开采区域也仅限于地表料和近地表的矿层内的原生矿料，产量有限。

　　从距离上讲，辽宁离中原腹地遥远，在交通不发达的战国时期运输难度有多大，我们可以与先秦时期古人运输和田玉的艰辛历程做个比较。战国人去西域采玉石"千人往，百人反（通'返'）；百人往，十人反"，辽宁距离中原一千多公里远，与南部边陲的楚国、东南吴越地区的直线距离将近两千公里，实际行走的路程远不止于此，一路人烟稀少、丛林密布，沼泽江河密布，其艰辛程度不亚于西域地区，所以红缟玛瑙注定是为数不多的贵族专享珍宝，其价值是非常高的，在出土数量上也远比其他质地的玛瑙稀少。

　　另外，不是每一个大型墓都出土有红缟玛瑙制品，但是出土红缟玛瑙佩饰的墓葬基本都是大型墓葬，战国时期红缟玛瑙数量比玉器更为稀有。从开矿到运输，再到制作成成品，然后通过贸易或者战争掠夺以及赏赐的方式流散到战国时期几十个诸侯国的范围内，辗转数千公里，在那个时代被古人视为奇珍异宝一点儿都不为过。

第十节　水草玛瑙

　　水草玛瑙是玛瑙中的一个特殊品种，其多为透明质地，其中包含着很多绿色絮状的矿物成分，看上去仿佛是在水中荡漾的水草，因而被称为"水草玛瑙"。其内部包含的"水草"状态不同，多姿多态，有的密不透风，有的疏密有致，有的结构纤细，有的结构粗壮，也有的因为内部有孔道与外表相通，其矿料在漫长多变的地质年代里因长时间暴露导致其颜色变成白色。（图147）

图147　各种形态的水草玛瑙环

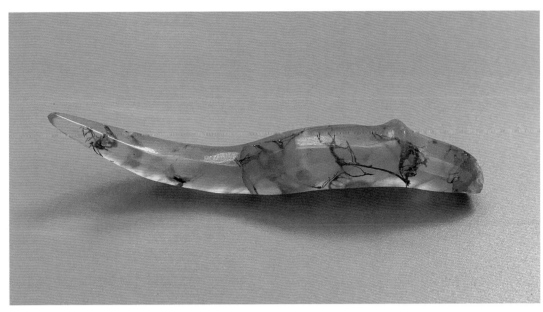

图148　水草玛瑙觿

水草玛瑙制作的佩饰多见于环类，其造型不像其他玛瑙那样种类繁多，偶见有个别玛瑙觿。（图148）

水草玛瑙环其制作年代应属于战国时期，造型为三才环造型，多数较扁平，推论其原因与红缟玛瑙环一样，因为这种扁平的造型能最大限度地展现其材质之美。

目前为止仅发现于极少数战国墓葬中，例如九连墩战国墓。这种材质的玛瑙料在夏家店文化遗址中尚未发现成品，但是在夏家店文化遗址中有水草玛瑙的残料出土，推测这种玛瑙料产地应为北方某一地区。（图149）东周时期水草玛瑙的制品很少见，相对来讲是一个比较偏的门类，而且水草玛瑙佩饰从出土数量上来讲比红缟更为稀少，所以很少被人关注到，是一个被忽略的名贵品种。

图149　夏家店文化遗址出土的水草玛瑙矿料

竹节管的前生今世

第一节　玛瑙竹节管饰的传承

诗经·邶风·静女

静女其姝，俟我于城隅。爱而不见，搔首踟蹰。

静女其娈，贻我彤管。彤管有炜，说怿女美。

自牧归荑，洵美且异，匪女之为美，美人之贻。

诗中"说怿女美""匪女之为美"的"女"字为通假字，通"汝"。

这首诗歌是成书于春秋时期的《诗经》[①]中的段落。它的故事里记载了一对恋爱中的男女彼此馈赠礼物"彤管"的事情。关于文中的"彤管"，2019年部编版高一《语文》上册中对"彤管"的注释为"红色的管状物。一说指初生时呈红色的管状的草"，另一说法是红色笔杆的毛笔。

对一件文物的释读一定要代入到它产生的时代背景中去理解，千万不要添加后期的文化思想在里面。恋爱中赠送毛笔做礼物，这似乎在无意中把今人对明清时期的女子与书生恋爱的观念强加在了先秦人身上。西周时期的红色玛瑙竹节管饰造型干脆利索，质地温润、光泽而又坚毅、恒久，从这些特点来看，西周时期的红色玛瑙竹节管饰更适合当作定情信物。

同样地，在《诗经》中的《郑风·女曰鸡鸣》一诗中载有"知子之来之，杂佩以赠之"的句子，"杂佩"即我们今人所说的组佩，上系珠、玉等，质料和形状不一，故称"杂佩"。同时期的婚姻嫁娶中，男方的聘金中没有金，也不会有银，因为在西周和东周早期那个时代的中原地区并不是十分盛行金银这类贵金属，金银这类贵金属在西戎和北方的游牧民族之间才更加受到欢迎。[②]而中原地区先秦时期的贵族则延续上古先民的风俗，流行以布帛来表达男方对婚姻的诚意。《诗经·卫风·氓》中，"氓之蚩蚩，抱布贸丝。匪来贸丝，来即我谋"就是现实的以布帛为聘礼的例子。《周礼》里面在婚娶方面有较为详细的记载，规定不同的社会阶级赠送的聘礼也不一样，士大夫阶层结婚用的是"玄纁束帛"，在此基础上，天子加赠"穀圭"，诸侯加赠"大璋"，穀圭和大璋属于玉器中起到祭祀作用的礼器，而"玄纁束帛"则是指一束黑色加一束浅红色或其他颜色的丝

[①]　《诗经》成书于春秋时期，记载的内容从西周开始，也包含了春秋中叶时期的作品，里面的很多内容都是当时的社会、文化的真实写照，周代设有采诗官，行走于官道或者田陌之间，摇动着木铎，专门搜集各地的诗歌，回去后交给乐师谱成曲子，演奏给国君，也是国君集休闲娱乐与体恤民情为一体的一种生活方式。

[②]　中原地区盛行以黄金为聘礼的风气始于汉代，先秦时期的墓葬考古发掘中，出土的黄金质地的文物数量相对较少，到了汉代的时候，黄金作为一种珍贵的货币财富大量出现，在汉代本朝的史书记载中也经常出现动辄上万斤甚至二十万斤的赏赐记录，《史记·平准书》载"捕斩首虏之士受赐黄金二十余万斤"。海昏侯墓出土的黄金总量达到120公斤，汉代是一个饼金流通天下的时代。

绸帛料。③

　　而女方的嫁妆则以鼎、盘、簋、甗等这类青铜器或者贴身佩戴的珠玉杂佩为主。在考古出土的青铜器铭文上，其自命为"媵器"④。

　　同时期的诸侯国之间的婚姻嫁娶中互相馈赠珠玉的情况在现今的考古实例中也屡见不鲜，可见当时男女之间，男方赠送布帛、女方馈赠珠玉作为信物是常态。因此，我们把《诗经·邶风·静女》一篇中提到的"彤管"释读为在当时西周组佩中流行的红色玛瑙竹节管饰也许会更加符合原诗的本意。

　　东周时期的玛瑙竹节形管饰是为数不多的传承有序的一种造型，它不像玛瑙环、珩、觿等器型那样在东周时期突然迸发出来，玛瑙竹节管最早也许源于商代时期的有棱玛瑙珠，竹节管饰的造型就是在它的造型基础上做长度的延伸，到了西周时期已经基本完成了它的定型。在平顶山应国墓葬、三门峡虢国墓葬、山西曲沃天马晋侯墓出土的玉组佩上我们已经见到了这种成熟定型后的玛瑙竹节管饰，同类型的竹节管饰在陕西韩城梁带村西周晚期芮国的国君夫人墓中也有发现，再到近期考古发掘的澄城刘家洼西周晚期芮国国君次夫人的墓葬中也有出土。这时期的玛瑙竹节管在长度上比商代的红色起棱玛瑙珠饰增长了不少，长度在3—4厘米之间，在造型上与春秋战国时期的玛瑙竹节管饰基本无异，只是在尺寸上比春秋战国时期的短一些。《史记·封禅书》云："周得火德，有赤乌之符。"指周人崇拜红色凤鸟，崇尚红色。周代出土的玛瑙制品，不管是珠饰还是竹节管饰，其料子主要是采用红色的玛瑙材料制作，这与东周时期以白玛瑙料为主流的现象形成了比较明显的对比，但可以肯定的是，东周时期的玛瑙竹节管饰是由西周时期的红色玛瑙竹节管演化而来的。（图150）

图150　陕西澄城刘家洼墓地出土的玛瑙竹节管饰，考古标注此墓年代为西周晚期春秋早期，我们依据组佩中的玉器年代来推测，这些竹节管应为西周遗存

---

③　东汉时期的郑玄在给《礼记》做注释的时候算过一笔账，一束约等于五匹。

④　"媵"即陪嫁的意思，如"媵妾"的意思是陪嫁的女子，"媵人"的意思是陪嫁侍婢。

第二节　东周玛瑙竹节管饰的造型与尺寸

　　当时间进入到与西周紧相衔接的春秋战国时期，社会制度开始"礼崩乐坏"，各地分封的诸侯纷纷独立，古老的社会制度制约了社会的发展，于是各诸侯国为了增强自己的国力，不再受传统的周礼约束，大力鼓励发展农业、手工业和商业等各个产业，出现了一片百花齐放、百家争鸣的繁荣景象，连同象征礼仪等级的组佩也发生了巨大变化，玛瑙竹节管饰得到了进一步的发展，在造型品种上和长度上都有所增加。造型上有粗壮厚重类型的，也有中间竹节凸起很高的，还有一些中间凸起不明显的，更有一部分钻孔笔直的管饰采用了中间完全不起竹节的造型。（图151）长度则因为其搭配使用的方式不同而从两厘米到十几厘米各个尺寸都有，没有严格的尺寸规定，更像是根据需要来做成任意尺寸，或者随形就料，有多大料子就做多长的竹节管饰。（图152）

　　这里需要特别提示的是粗壮型的玛瑙竹节管饰，这类竹节管造型普遍粗糙、笨重，有的两端磨损非常严重，似乎是佩戴时经过长期剧烈磕碰摩擦形成的损伤。结合其重量过大并不适合佩戴和其两端如此严重的磨损情况来看，似乎这类竹节管不属于贵族佩戴的组佩中的构件，而更可能是马具上的配件。东周时期的齐国，上至齐王，下至达官贵族，崇尚骏马良驹，并且经常举行比赛，比较有名的当属"田忌赛马"这个历史典故了。作为上层贵族所宠溺的骏马，佩戴玛瑙制作的马具装饰品也不是没有可能。当然，这只是根据玛瑙佩饰上残存的痕迹作出的一种设想，这需要更多的考古案例来证实。（图153）也不排除有部分此类竹节管饰被用在了人佩带的组佩中，详情参考第四章第一节图90。

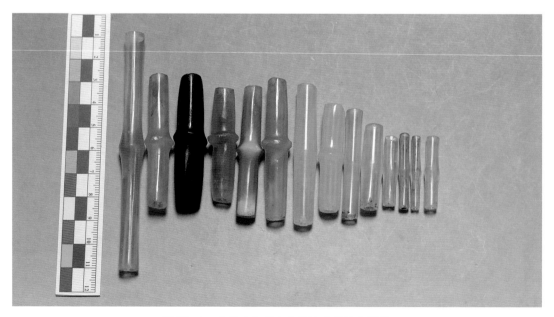

图151-1　东周时期形态各异的玛瑙竹节管饰

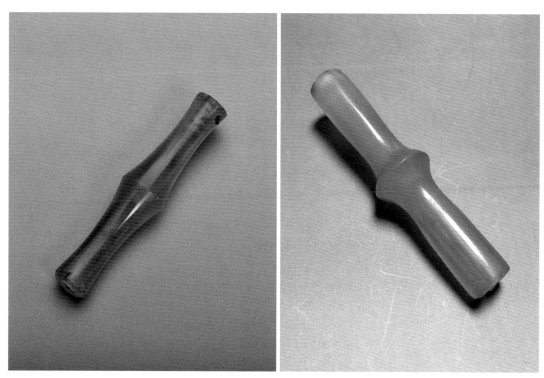

图151-2 东周时期形态各异的玛瑙竹节管饰

图152 临淄地区东周墓考古发掘出土的玛瑙竹节管饰

图153 临淄地区的粗壮型玛瑙竹节管饰

第三节　东周玛瑙竹节管饰的选料

　　春秋战国时期玛瑙竹节管饰在选料上也不再局限于红色玛瑙材质，出现了红、白、黄、褐等各种颜色的竹节管饰，如同同时期的百花齐放、百家争鸣的社会形态一样。红色的玛瑙竹节管饰依旧存在，但是选料与西周时期有所不同，这时期的红色竹节管以鲜亮红色为主，与西周时期的酒红色、深红色有所区别，质地也比西周时期的选料更为通透一些。（图154）

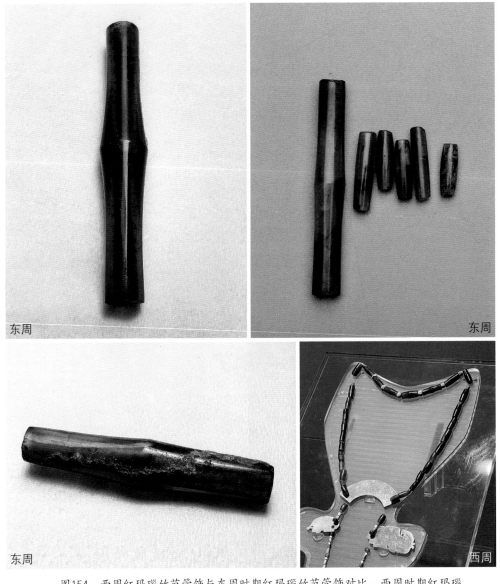

图154　西周红玛瑙竹节管饰与东周时期红玛瑙竹节管饰对比。西周时期红玛瑙竹节管的选料凝重温润，东周时期的选料通透冷艳

以纯黄褐色的玛瑙料制作的竹节管饰极少，仅有的极少数的黄褐色玛瑙料子制作的竹节管饰也是以黄褐色条纹夹带其中。值得注意的是，同时期的晋系玛瑙环常用的多种色彩的玛瑙料在全国各地出土的竹节管饰上很少见到，结合齐国地区竹节管饰在出土数量和密集程度都高于其他地区的情况来看，这似乎说明竹节管饰的制作地可能就在齐国。当然，单凭这些证据不足以确定，这需要时间和更多的考古发现去慢慢证实。（图155）

东周时期玛瑙竹节管饰最常见的是白色和透明质地的玛瑙料，这两种质地的玛瑙竹节管饰占了大多数，这种玛瑙料子也是齐国常用玛瑙料，有一些高品质的透明质地的玛瑙竹节管饰与水晶极为相似，以至于让很多人误以为是由水晶制作而成。（图156）

图155　东周时期带黄色层理结构的玛瑙竹节管

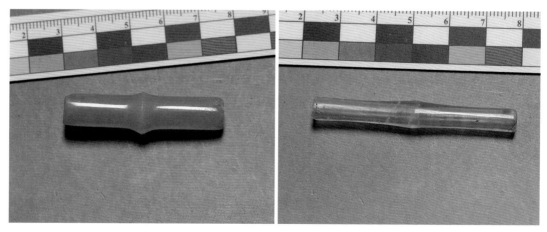

图156　东周时期白色和透明质地的玛瑙竹节管饰

第四节 玛瑙竹节管饰的文化渊源

古人对玛瑙竹节管饰造型的采用，或许是源于与古人生活息息相关的竹子。竹子这种植物在后期的宋元明清等朝代中被赋予了高风亮节的高尚品质，在先秦时期也是先民们日常生活中不可缺少的一部分。春秋时期正好处于气候史上的一个温暖期，中原地区的气候湿润，气温相对现代比较高，有史料记载春秋时期野生大象的活动范围最北可达燕山南麓。这时期的竹子几乎遍布全国各地，大面积的竹林对同时期的人类生活影响也很大，除了为人们提供食用竹笋之外，还涉及了人们生活中的武器、乐器、寝具、食器、文具、渔具等各个方面。在近些年来的考古发掘中，与竹子相关的文物比比皆是，一些水坑墓⑤中，因为其良好的密封保存环境，完整地保留了东周时期的竹席、竹笥、竹简等文物。兵器中除了竹弓、竹箭、竹矢箙之外，还有一种叫作"积竹柄"的器具，是指戈、矛、戟、殳等长柄兵器的杆，用一根木棒做芯，外围包1—2层细长竹片，并用丝线缠紧，再髹以黑漆或者红黑相间纹饰的大漆。由于竹子的弹性好和木棒的坚韧度高，所以用这种方式制作出来的兵器长柄刚柔并济，不易折断。

图157 临淄郊区的竹子

---

⑤ 水坑墓大多位于南方地区，是指墓葬的深度低于地下水位，墓葬完工后地下水渗入墓葬中，使墓葬中的文物都浸泡在水中。这种墓葬的特点是文物的保存状态非常好，因为地下水隔绝了空气氧化，尤其是一些漆木器，保存状况极好，出土时依旧光鲜亮丽，如同新的一样，这在气候干旱的北方地区是不可能的。

《诗经·卫风·竹竿》中记载"籊籊竹竿，以钓于淇"。这是先秦时期古人用竹竿做鱼竿钓鱼的真实记录。关于竹子在齐、鲁地区的记载，在《左传·襄公十八年》中也有提及："晋侯伐齐……焚申池之竹木。"[6]据记载，申池的竹林面积达方圆数十里地，就在临淄故城郊区，齐人就地取材用竹子制作各种生活用品当然不在话下。有关鲁国孔子的"韦编三绝"，说的是孔子晚年迷上阅读《周易》，因为翻看的次数太多，以至于把编连竹简的绳子翻烂了多次。

可以说先秦时期古人的衣食住行与竹子息息相关，虽说这个时期已经进入了青铜时代，但是毕竟青铜属于上层社会专享的奢侈物资，他们的大多数生活用品依旧离不开各种竹制品，在下层的社会群体中，竹制品更为普遍地被黎民百姓流通使用。把与生活息息相关的事物创作到艺术作品中，这是世界各地的文化中普遍存在的现象。东周时期的古人在这种竹文化的环境中，将竹子造型延伸并应用到随身佩戴的珠玉中，这种可能性是很大的。（图157）

关于古人选定竹节造型的原因，更理性的一种解释笔者在有关玛瑙钻孔的章节里有详细介绍：东周时期的水晶、玛瑙钻孔极少有笔直钻通的实例，大部分孔道都在钻到一定深度时出现偏差、歪斜。古人虽然掌握了先进的钻孔技术，但是无法精准控制钻孔的方向，所以采用了对钻孔的方式，在中间位置、孔道对接的地方营造了一个凸起的竹节造型，用以弥补对钻错位造成的误差，避免因为钻孔方向偏移造成管壁侧穿。这是古人把美观与实用完美结合的一种智慧的体现。（图158）

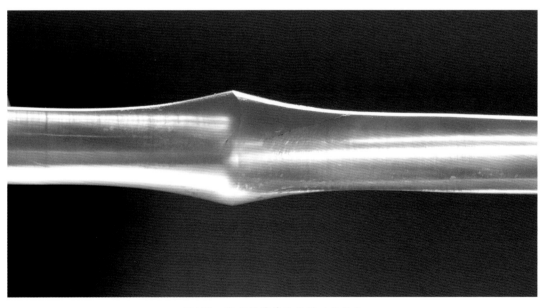

图158　玛瑙竹节管的孔道对钻错位

---

⑥　申池是东周时期齐国郊外的一处皇家苑囿，供齐国王室狩猎郊游之用，位于渑水河畔，昏庸好色的齐懿公就是被邴歜和阎职两人杀死于此。详情参考《东周列国志·齐懿公竹池遇变》。

第五节　玛瑙竹节管饰的制作方式

与东周时期同时代的南亚和东南亚地区也有着丰富的珠饰文化，经考证得知，其以敲击、打制的方式制作粗坯，这种技术出现的时间非常早，流传时间段也很广，甚至现在在印度一些偏远的地区还在延续传承着这种古老的工艺。在印度河谷，他们本地的制作工艺是把玛瑙原材料抵在尖锐的铁器尖部，采用木槌敲击玛瑙粗坯的方式去掉凸起部分。杨力旭与刘琦先生在国外搜集到的半成品珠子上面的痕迹也证明了这一制作过程，这种方式制作出来的成品珠饰上面会残存有一些后期打磨修形后没有完全磨平的敲击痕迹。（图159、图160）

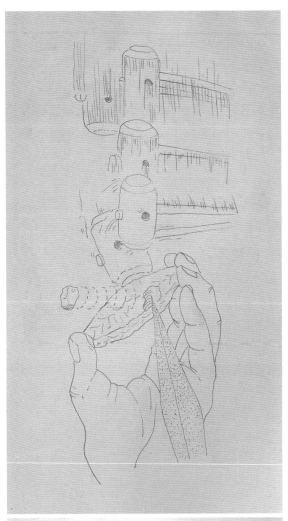

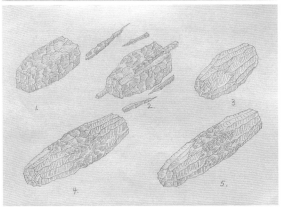

图159　古代印度用敲击法制作珠子步骤图

图160　刘琦与杨力旭先生在东南亚地区搜集到的以敲击法制作的玛瑙珠子半成品标本

在出土玛瑙竹节管饰的中原地区尚未发现有半成品实物证据，但是我们在成品的玛瑙竹节管饰的痕迹上依然可以看到一些端倪。

古代西方的珠饰除了作为佩饰，还起到一种货币替代品的作用，在几千年前还没有明确汇率的贸易中充当了一种等价物，与邻国或者其他更遥远的国家、地区相互之间进行商品贸易。

而中国古代的珠玉除了具有上述几种作用，还代表了森严的等级观念。它们是上层社会高级贵族特享的一类奢侈品，只服务于上层社会的国君和贵族，这个特性决定了它们的制作要求相对于其他地区的珠饰有着更为严格的工艺精度，具体表现为在制作上不惜工本，精打磨、精抛光，在春秋后期更是如此，具体实物我们可以参考襄汾东周大墓考古发掘出土的竹节管。基于以上几点，我们很少能在东周时期的竹节管饰上看到残存的加工痕迹，但是偶尔也有例外，比如在春秋早期的一些竹节管饰上，我们能看到一些残存的奇特的痕迹。（图161）

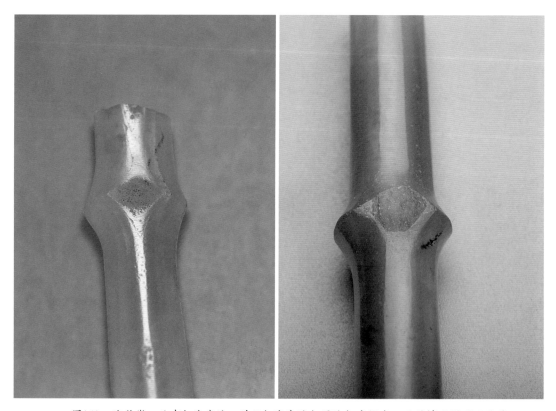

图161　这种崩口处有打磨痕迹，并且打磨痕迹与周边打磨抛光一致的情况说明了这些残损不是后期磕碰所致，应该是残存的加工痕迹

　　这种看起来像磕碰造成的痕迹其实不是在佩戴过程中产生的，因为在制作完成之后形成的磕碰痕迹的边缘会出现锋利的分界线，而这种痕迹的边缘出现了打磨修整的痕迹，这种打磨显然是一种古人在加工粗坯的时候对敲击失误造成的瑕疵进行的补救措施。我们再看图162中的这件玛瑙竹节管，在竹节位置这处残留的痕迹上，因为我们看不到磕碰撞击的受力点，所以这不应是后期佩戴中因磕碰造成的痕迹，更像是敲击粗坯时候残留的敲击痕。上述这两种痕迹与东南亚、南亚地区以敲击方式制作的珠饰残存的痕迹如出一辙，可见中国东周时期的竹节管饰很可能与南亚、东南亚地区的珠饰采用了同样的制作方式。

图162　玛瑙竹节管在敲坯时残留的痕迹

图163所示的是中国古代开采石料的情景。在金刚石锯片切割和炸药爆破方法没有被应用到石材开采方面之前，这种古老的开采石料的方式被人类从青铜时代沿用到今天，具体做法是在将要开采的石料上沿着预定的方向凿出一排孔，插入钢钎，用大锤轮流敲打，让钢钎深入石孔深处，石孔慢慢胀裂，石料会随着这排孔的方向裂开。这种古老的石料开采技术一直到今天在一些地区仍有使用。

图164所示的下图这两个竹节管上面残存的痕迹包含的信息更加丰富，竹节管的侧面残留着半个钻孔痕迹，在这半个钻孔的底部能看出有两个叠加的贝壳状崩口。这种迹象表明，古人在玛瑙矿石开料的时候采用了与开采石材一样的工艺，先在预定位置钻孔，然后将细小的钢钎的一端插入孔底，用重物锤击钢钎的另一端进行凿击，以分离出制作玛瑙竹节管的小块坯料。这两个重叠的贝壳状的崩口说明古人在取料的时候至少在钢钎上敲击了两次才使得这块料子与主体分离开。第一次敲击形成了A处贝壳状暗裂，第二次敲击形成的B处贝壳状裂痕与第一次的裂痕重叠并完成了玛瑙料子的分离。

类似的取料痕迹在其他竹节管上也有残留，说明这不是个例，而是此类竹节管普遍的取料方式。（图165）

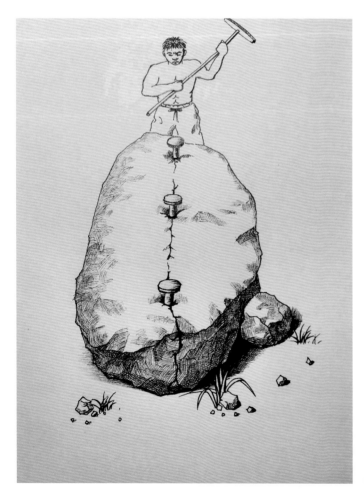

图163　古代开采石料情景

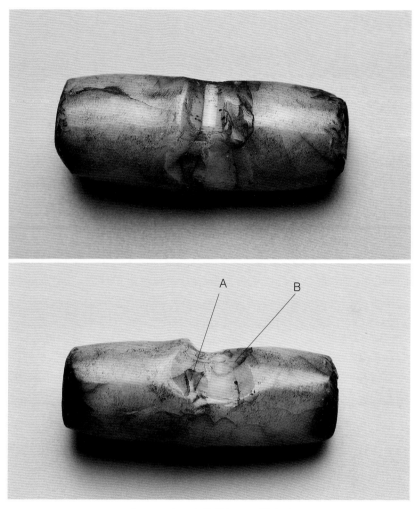

图164　玛瑙竹节管钻孔取料痕迹

图165　玛瑙竹节管上残存的钻孔取料痕迹

第六节　东周玛瑙竹节管饰的打磨方式

　　如果你把一根竹节管饰一端拿在手里，随意转动，你会发现没有任何一根玛瑙竹节管饰是标准的圆管状，甚至于很明显地能感觉到它们的表面是由多个细长的小棱面组成，中间竹节凸起的脊线也不在一个水平面上，在放大镜下观察其表面的打磨痕迹会发现，其打磨方向皆垂直于竹节管。这种多个棱面的现象排除了其为固定旋转切削的制作方式，比较有意思的是：这种一棱一棱的小面有很多是从竹节管的口沿开始，到凸起的竹节结束，是一个连续不间断的面，这说明这个面是一次性打磨成型的，这也能让我们间接地得出一个结论：古人有可能使用了一个带弧度的宽边圆轮砣具对其进行了打磨。（图166）因此我们可以得到答案：古代匠人在用敲击方式制作出粗坯之后，用这种带弧度的宽边圆砣对其进行修形，尽最大可能地把敲击粗坯时残留的痕迹磨平。这种造型的竹节管饰的优点是，它比乌尔文化和东南亚地区的竹节珠饰造型更容易去掉敲击粗坯时残留的瑕疵，这也是我们极少在这类竹节管饰上看到残留有敲击痕迹的原因。（图167、图168）与此同时，这类竹节管饰又保留出较宽的竹节凸起以弥补对钻孔道错位形成的误差，这种一举两得的方法体现了我国古人在这方面的处理上比国外地区的工匠更胜一筹，也体现了中国匠人对此类珠饰在工艺和品相上精益求精、不惜工本的孜孜追求，毕竟这是属于贵族特享的一类奢侈品，不仅仅代表的是财富，也是一种贵族等级的象征，更是古人聪明智慧的结晶。

图166　玛瑙竹节管上的棱面和打磨示意图

图167　乌尔文化玛瑙竹节管饰

图168　东南亚地区古代玛瑙竹节管饰

○ 第八章

东周水晶、玛瑙环制作工艺的推理

第一节　玛瑙环制作工艺上的疑问

　　玛瑙环的制作是否采用了和制作玉器一样的工艺？在聊玛瑙环的制作工艺之前，我们有必要先了解一下同时期的玉器制作工艺。东周时期的玉器主要还是以片状玉器为主体。比如说玉璧、玉环等器型，这类器型的工序是先把大块玉料原石用对剖的方式切割成片，然后用稍大直径的管钻钻取出玉璧的外形，得到的是一个圆饼的形状，然后再用一个稍小直径的管钻去掉芯子，这时候玉环或玉璧的造型就出来了。（图169）

　　那么玛瑙环是否也是采用了同样的工艺制作出来？

　　带着这个疑问，我们先来对比下玛瑙环和玉环的外在特征。如图170所示，这是一件东周时期的玉环，因为采用了对剖开料的方式制作，所以在玉环上留下的对剖痕迹非常明显，而且这种痕迹在东周玉器上是一种非常常见的现象。

　　如果说这种素器是没完工的毛坯的话，那么我们看图171的这两件成品。古人对玉器做了打磨修整，之后又雕琢了精美的纹饰，但是玉料对剖的痕迹依旧清晰可见，这种对剖痕迹不仅出现在玉璧上，而且在同时期的璜、珩、龙、觽、琥等各种造型的玉器上也都能找到。如果说玛瑙环也是采用同样的工艺制作的话，那么同样的对剖痕迹必然也会出现在玛瑙环上，但事实上目前还没有发现任何一个玛瑙环上残存有这种对剖痕迹，而且这种现象不但玛瑙环没有，在玛瑙觽、玛瑙珩、玛瑙竹节管等器型上也未曾发现。

图169　古代玉璧半成品标本，古代玉环、玉璧采用了先把玉石切料成片，然后以管钻取形、去芯的方式

图170　古代玉环对剖开料残留的痕迹

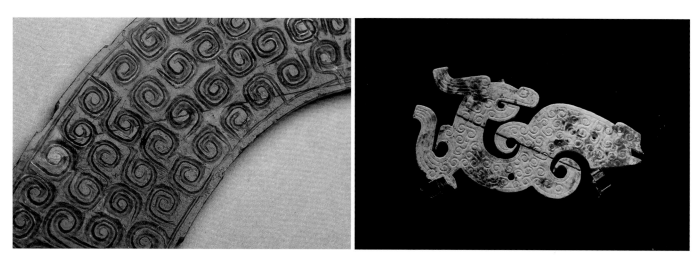

图171　徐家岭楚墓出土的玉璜上残留的开料切割痕
迹和荆州博物馆藏龙形玉佩上残留的开料切割痕迹

　　另外，开片工艺^①的取料方式对原材料的损耗很低，是当时技术条件下最节省原材料的方式。从很多东周时期遗留有切割工艺的半成品玉料标本上看，采用切割开料的方式中间的损耗只有两三毫米，如果是采用开片方式先取料再制作玛瑙佩饰的话，在制作出来的玛瑙佩饰中很容易会找到质地、矿物层理对应的成对的佩饰，这种情况在出土的成对的玉器中已经得到证实，但是在玛瑙佩饰中却未曾有发现。古人会选择颜色接近的玛瑙料来凑成对，或者用一大块料敲成两三块小料分别制作几件佩饰，有些颜色、纹理大致类同，但是两件拼合在一起的时候玛瑙质地里面的纹理无法完全对应。

　　我们再来对比玉璧和玛瑙环的外缘和内壁状态，已知玉璧因为采用了管钻的工艺制作，所以玉璧的外缘和内壁呈直上直下的状态。（图172）我们再看玛瑙环的内壁，与玉璧内壁直上直下的痕迹不同，玛瑙环的内壁是口大底小，呈喇叭口状，呈现一个斜度很大的坡面，两面都是如此，致使整个内壁的截面形成一个大写的字母V形状态。（图173）如果说古人是为了防止管钻的玛瑙环边缘过于锋利而磨损绳子的话，只需要在边缘稍做打磨去掉锋利的棱角即可，没有必要在摩氏硬度高达7度的玛瑙上磨出这么大面积的斜面，而且在中间位置又留出一个凸棱，这不合常理。

　　事实上，笔者第一次接触到玛瑙环的时候就发现一个问题：东周时期的玛瑙环很少有十全十美的全品，都或多或少地存在一些磕碰瑕疵，而且很多磕碰痕迹位于内壁。结合我国考古发掘出土的水晶、玛瑙组佩中玛瑙环搭配的位置和方式来看，玛瑙环的磕碰痕迹更多是出现在外缘，而不是内壁，而且内壁的磕碰痕迹大部分都是不完整的，也就是说见不到完整的贝壳状崩口，见不到磕碰时候的撞击受力点，更像是早就存在的，在打磨时候未完全去除掉的一种敲击痕迹的残留，那么又是什么原因造成内壁有"磕碰"的痕迹？（图174、图175）

　　这些奇怪痕迹的现象引导我们推测，玛瑙环的制作方式应该另有蹊径，这些痕迹显示，玛瑙环很有可能采用了敲击成型的制作方式。

---

① 开片工艺是古代玉器加工的第一个步骤，古人用石质、木质或者金属质地的薄片，在解玉砂（也称"研磨砂"）的帮助下将开来的玉石原料切割成片，以便于继续加工成玉器，一般采用双向对剖的方式，少数采用单面切割的方式。

图172 玉璧内壁和外缘都是直上直下的状态

图173　玛瑙环的内壁没有像管钻取芯制作的玉璧那样呈现直上直下的状态，而是口大底小，呈喇叭口状

图174　临淄齐墓出土文物原图。这是一套东周时期的原装组佩，在这套由水晶、玛瑙组成的组佩中，玛瑙环内部没有搭配珠玉，这样的组佩搭配方式使得外缘受到磕碰的可能性更大，而内壁位置很难发生磕碰

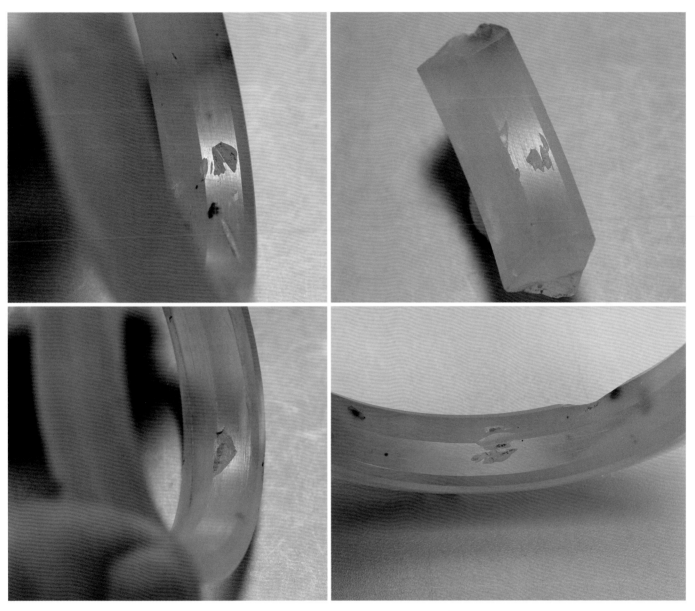

图175　玛瑙环内壁位置的"磕碰"痕迹

第二节 敲击技术的传承

古人在进入青铜时代之前，有着上百万年的石器制造史，因此他们了解各种石头的性质，对于石头的敲击有着非常丰富的经验。以前考古学界把史前文明划分为旧石器时代和新石器时代，最近又在其间细划分出一个中石器时代。旧石器时代古人以简单粗暴的敲击方式制造简陋的石头工具。中石器时代距今2.6万—1万年，也称"细石器时代"，是打击制造出较为精致的石器的过渡时代，这时候古人已经能用精细敲击的方式制作造型相对复杂的工具或者工艺品。新石器时代则是在中石器时代精细敲击的基础上对石器进行磨光处理。也就是说，中石器时代这种精细打击制造石器的技术是后来新石器时代磨光石器的基础。由中石器时代进入到新石器时代之后，这种精细的打击技术并没有消失，而是一直贯穿于整个新石器时代，一直到青铜时代，甚至于明清一些石雕的先凿刻后抛光处理的工序也是这一技术的延伸，凿刻实质上是一种借助于凿子等工具的间接的精准敲击方式。（图176）

中石器时代最明显的标志性产物是古人对玛瑙、燧石这类石头进行精细敲击、顶推制作出的石叶、石刀、箭镞等工具。图176左图是古人剥取石叶工具残留的石核，我们可以看到，上面的剥取痕迹证明古人已经具备了精准控制剥取玛瑙叶片的方向的能力，这些技术经验为后面东周时期的玛瑙敲击奠定了不可或缺的基础。

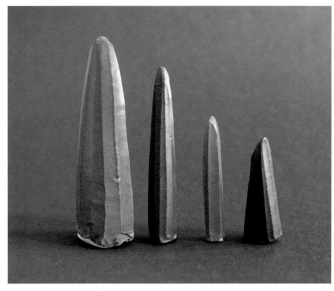
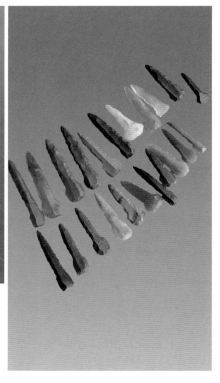

图176 这是石器时代被称为石核和石叶的石器，石核实际上是细石器时代古人剥取用作刀具的石叶之后残留的石料。我们可以明显看出每一个长条形的断裂面都是一个整体，这说明这是一次性敲击完成的，在细石器时代古人就已掌握了很高超的石器敲击技术

第三节　用敲击方式制造珠饰在其他文明中的应用

在历史悠久的北非地区、印度河谷地区、两河流域以及东南亚地区，早在几千年前就使用了敲击法来制作玛瑙珠饰，从我们搜集到的他们用敲击法制作的半成品珠坯中可以看出，他们是运用熟练的敲击技巧把玛瑙原石敲击成接近自己想要的珠子外形之后再开始打磨，这样的方式不仅能节省体力，也能减少珠子的制作所耗用的时间。（图177）

图177　东南亚地区两千多年前用敲击法制作的珠子粗坯

有纪录片表明，非洲灵长类动物会在特定的石头上敲击坚果，经过长时间的敲击，石头上面已经形成了凹坑。相信古人在进化的初期也干过同样的事情，也许是受到了这种现象的启发，古人发现了用敲击法将器物打孔的办法。这种敲击法制作的孔也被称为"研磨孔"，但是实质上这种孔不是研磨出来的，"研磨孔"顾名思义就是用硬度较高的粗砂粒慢慢研磨钻孔，研磨必定会有旋转痕迹，但是我们在这类孔道上看不到旋转痕迹，看到的是密密麻麻的无数次的敲击痕迹，虽然有时候能看到一些不明显的螺旋痕迹，但这也是敲击孔道通了之后的扩孔修磨痕。这种孔部粗糙且双面都是口大底小的孔道状态其实是敲击孔的特点。（图178）

图178　北非地区出土的用敲击法制作的玛瑙珠饰（左）和中国内蒙古地区夏家店文化用敲击法制作的玛瑙珠饰半成品（右）

第四节　中国本土的敲击证据

　　中石器时代的精准敲击技术在世界各地的文明中以不同的方式呈现着，这种精准的敲击技术在中国也有发现，比如山西南部的下川文化[2]，此外在陕西大荔、内蒙古等地区也有发现。后来新石器时代的一些石斧的穿孔，也是采用敲击技术制作的。（图179）

　　我们在北方地区的遗址中发现了一些玛瑙环（也可能是玛瑙玦）半成品标本，这些半成品也许能起到一个很好的参考作用，或许能成为东周时期用敲击法制作玛瑙环的有力佐证。（图180）

图179　夏家店文化石斧敲击孔。这种孔采用了先敲击后打磨扩孔的步骤

---

②　下川文化距今2.4—1.6万年，是中国华北地区旧石器时代晚期文化，是一种以细石器和石叶石器为特色的旧石器时代文化，分布于山西沁水中条山下川盆地一带。1973年后多次进行发掘，发掘出数以千计的石制品。下川石器中有一小部分用砂岩和石英岩打制，尺寸较大。主要以燧石为原料，用先进的间接打击法和压制法制作细石核和细石叶、石叶以及石叶加工的工具，细石核包括锥状、半锥状、柱状和楔状，石叶工具有刮削器、尖状器、钻具、箭头、雕刻器、锯齿刃器和琢背小刀。因用压制法加工，故石器制作精美，形状规整，达到了极高的工艺水平。

图180　北方地区遗址中发现的玛瑙环或者玛瑙块半成品

　　我们从废掉的玛瑙器半成品（图180）上可以看到，玛瑙的中心位置是一个矿物学上称之为"水晶洞"③的结构，水晶硬度高但是质地脆，所以古人特意选择了在玛瑙中间部位质地比较脆的水晶洞位置开始敲击，这毫无疑问是一个提高效率的好办法。这种宽边的造型与夏家店文化④的玛瑙玦和玛瑙环的造型有较大差异，反倒是与同时期中原地区的璧形玛瑙环更加吻合。（夏家店文化上层的年代与中原地区的春秋战国时期有部分是重合的。）（图181）这不得不让我们怀疑，这有可能就是一个废掉的璧形玛瑙环。

　　图182所示的是一些加工步骤停止在敲击环节的玛瑙半成品，根据出土地点分析，这些半成品属于夏家店文化范围内，是夏家店文化的玛瑙玦或环半成品，当取到的玛瑙料没有水晶洞的时候，古人就选择了在玛瑙矿料中心部位质地均匀的位置进行敲击，敲击方式为两面轮流敲击。古人在敲击制作玛瑙饰品的过程中，有时候掌握不好敲击力度，难免会发生一些小小的意外，这些半成品极有可能就是在敲击的过程中因为敲击力度过大而报废，这反倒成了我们研究古代工艺的好资料。

图181　夏家店文化玛瑙玦

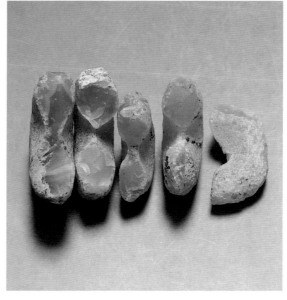

图182　夏家店遗址出土的玛瑙环或者玦的半成品残件

③　玛瑙因为成矿顺序是由外而内逐层凝结，所以很多玛瑙矿石最后会在中心位置形成一个水晶质地的空腔或者很多水晶晶体集合成一体的团块状结构，详情可以参阅玛瑙的成矿原理相关章节。

④　夏家店文化是内蒙古早期青铜文化的代表。夏家店遗址（在今内蒙古自治区赤峰市松山区夏家店乡夏家店村境内）是中国北方青铜时代早期的遗址。其文化内涵包括夏家店下层文化和夏家店上层文化，下层为公元前2000年—公元前1500年，上层为公元前1000年—公元前300年。遗址内出土有大量石器、陶器、铜器、玉器、骨角器等遗物，其中以在夏家店下层文化层内发现的青铜器最为重要，其生产技术水平足以与同时代中原地区最发达的文化相媲美。

　　我们把图183中的这件半成品玛瑙制品和东周时期的玛瑙环做一个对比，它的造型更接近于东周晚期的三才环造型，与其他玛瑙半成品的不同点在于，这件玛瑙制品的敲击方式采用了单面敲击的方式，我们通过图片可以看到，敲击受力点都集中在一侧，另外一侧都是敲击受力后的崩口。

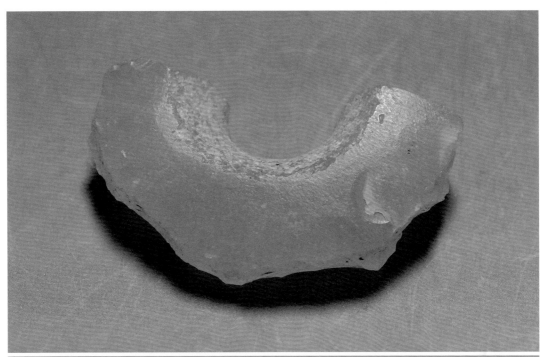

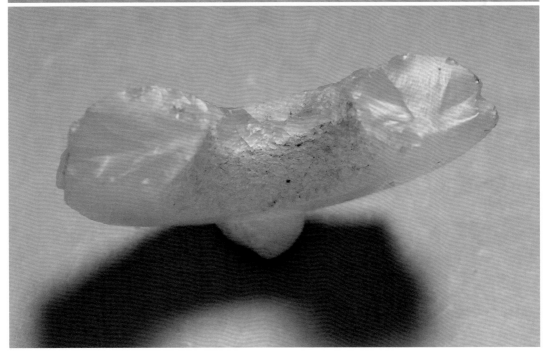

图183　单面敲击制作的玛瑙环（块）半成品残件

图184中的这件未完工的玛瑙半成品则更直观地给我们展示了制作的过程，环绕在中间孔部周围密集的每一个白点都是一个敲击痕迹。敲击形成了口大底小的喇叭状内孔，采用随着这个倾斜方向将其打磨平整的方法无疑是最简单而又有效的修整方式，这或许就是玛瑙环内壁呈现斜面造型的缘由。同样的道理，外缘敲击出的无数个贝壳状崩口形成了由两侧向中间聚拢的两个斜面，顺着这两斜面打磨成两个向中间聚拢的斜面也是最简单省力的修整办法，这可能是玛瑙环外缘呈两侧向中间聚拢的斜面的原因。

另外，这种敲击制作工艺留下的内壁敲击痕迹也恰到好处地解释了东周时期玛瑙环内壁大量存在着残存的敲击痕迹的问题，不得不让我们猜测东周时期的玛瑙环极有可能采用了同样的制作方式。（图185）

图184　敲击制作的玛瑙环半成品

图185　玛瑙环半成品与东
周时期璧形玛瑙环对比图

　　如图186所示，这件半成品在完成敲击粗坯之后开始了初步粗打磨定型的步骤，图片中明显可见研磨砂留下的一条条划痕，而玛瑙佩饰成品上，坊间所谓的"牛毛痕"则是抛光时未完全去掉的这种打磨痕迹。

　　如图187所示，这件玛瑙环的内壁肉眼明显可见不是一个正圆形。管钻因为是用圆管状工具在解玉砂的辅助下旋转切削，所以以管钻去芯的方式做出来的玉石器其内壁典型特征是一个规规矩矩的正圆形，而这件玛瑙环呈不规则圆形的内壁证实最起码这件玛瑙环没有采用管钻法去芯，这种呈不规则圆形的内壁状态更像是敲击成型之后再对内壁进行修磨导致。

　　虽然我们目前没有发现平台环这类造型的本土的半成品实体证据，但是我们可以参考这件出自北非地区的玛瑙珠饰。（图188）这是一件距今8000年左右的以敲击法制作的珠饰，这种遍布珠身的重叠的贝壳状崩口证实了其是采用了敲击技术制作而成，包括穿孔。这种珠子的造型本身就像极了缩小版的东周早期的平台玛瑙环和水晶环，在历史悠久的文化交流中，北非地区8000年前能做到的技术，对我们聪明智慧的先秦工匠来说要做到也不会是什么难事。

图186　半成品玛瑙环上的打磨痕迹

图187　东周时期内壁不是正圆状态的玛瑙环

图188　北非地区出土的距今8000年左右的以敲击法制作的珠饰

第五节　另外方式的敲击技术

　　我们之前讲过，春秋时期是一个"百花齐放，百家争鸣"的时代，这种景象体现在青铜器的铸造、玉器的加工等各个领域。这种现象在玛瑙环的制作技术中也同样有所体现，比如外缘呈立边的璧形玛瑙环，它的制作则另辟蹊径地采取了一种特殊的方式。

　　这类环的内壁往往能看到一些残留的钻孔痕迹，数量从三个到七个不等，钻孔痕迹呈圆圈状分布于内壁位置，这种排列方式的钻孔痕迹有可能是为了把芯子整体敲掉而做，这类钻孔痕迹出现在水晶环上的比率更高。我们都知道，水晶是一种硬度高但是质地很脆的矿石，因为其具有透明的特质，相比半透明状态的玛瑙，出现在水晶上的裂痕对其审美的影响更加致命，所以古人用这样的方式可以避免敲击芯子产生的裂痕延伸到环子本体上。（图189）

　　战国尸佼《尸子》下卷记载："取玉甚难，越三江五湖，至昆仑之山，千人往，百人反；百人往，十人反。"这里面描写的是先秦时期古人开采和田玉的艰难历程，和田玉因为原材料稀缺、路途遥远，不易开采，所以对古人而言，和田玉的原材料极为珍稀，为此古人不但采用了在当时最节省原材料的对剖切割技术来制作玉器，并且对剩余的边角料也极尽利用。尽管水晶、玛瑙的硬度比和田玉大，加工难度高，但是水晶、玛瑙原料相比和田玉而言更易于获得，全国各地几乎都有分布⑤，于是古人在工艺与原材料之间做了一个折中的选择，用敲击的方法来制作水晶、玛瑙器，节省了切割方式所耗费的精力和时间，不可否认这是古人聪明才智的一个体现。

---

　　⑤　笔者曾经去位于山东平度古岘镇的胶东王陵游玩的时候，在康王陵边上一个无名冢的封土夯土中发现零散的天然的玛瑙原矿，这种原材料相对和田玉来说在自然界中容易获得。

图189　玛瑙、水晶环内壁残存的钻孔痕迹与制作示意图

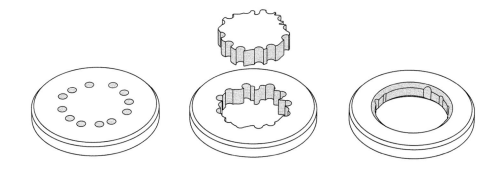

第六节　内壁修整的工艺

他山之石，可以攻玉。

我们对比东周时期各个阶段的玛瑙环的内壁痕迹发现，从早期到晚期，状态虽然有所不同，但是可以看出古人在完成敲击之后都对其内壁做了打磨修整，以消除因为敲击而残留的瑕疵，那么古人是如何对内壁进行打磨的？

图190所示的是一件在北方地区采集的被考古学界称为"轴承形器"的石器，事实上其作用不一定就是轴承，更可能是制作玉器的一种工具。关于此观点，香港中文大学中国考古艺术研究中心的邓聪教授提出过同样的看法。这点在另外两件石器上可以得到进一步确认，作为在同一地区遗址采集的石器样品，这两件不具备轴承形器两端同时存在磨痕的特征，如图191中的这件石器样品一端有旋转磨痕，另外一端呈不规则的原石状态。

图190　北方地区夏家店文化遗址所出土的"轴承形器"

图191　夏家店遗址所出土的"钻形"石器

　　图192中的这件石器样品更为突出的特点是一端带有四处明显的圆弧形凹槽，这似乎表明它更像是被四根圆柱形木棒夹紧并固定住的"钻头"，那么它们到底是不是钻头呢？我们从其旋转磨痕的前端可以得到答案，如图193所示，三件"钻头"的前端呈现自然原石状态，未见抵住玉石器旋转钻孔留下的磨痕，这更像是对已存在的钻孔进行扩孔或者打磨修整已有穿孔的内壁的工具。（图194）

　　从图195中的这件半成品玛瑙器我们可以清楚地看到，在粗坯敲击成型之后已经开始对内壁打磨扩孔，敲击孔的中间位置有非常明显的打磨痕迹，而且打磨痕迹是叠压在敲击痕迹之上。这件半成品玛瑙器解释了那个时期的制作步骤，即先用敲击法制作出孔，再用工具把孔打磨平整并扩大，这种打磨扩孔的工具很有可能就是上面提到的那类"轴承形器"。

　　图193中的这三件样品为石英和石英砂岩质地，摩氏硬度为7，与水晶、玛瑙硬度相当。我们对比东周时期玛瑙环内壁的修磨痕发现，玛瑙环的内壁修磨痕非常明显地带有高硬度研磨砂留下的划痕，这种高硬度的研磨砂能在玛瑙上留下如此深峻的划痕，没理由不会在与它硬度相当的石英岩质地的修整研磨工具上留下同样的划痕。我们反观图196中的这件修整工具，它的旋转磨痕光滑度较高，所以我们完全可以排除掉它用以修磨东周时期玛瑙环内壁的用途。因为这类器物出土于夏家店文化遗址，所以这件工具极大可能是用来修整夏家店玛瑙块和夏家店玛瑙环内壁的工具，因为这种打磨工具上的磨痕光滑程度与夏家店玛瑙块的内壁是能相互对应的，但是我们不排除东周玛瑙环的内壁采用了同类型的工具进行了打磨，只是这种打磨修整工具的材质是石质、青铜或铁器尚有待考古发掘的实物资料来证实，可以肯定的是，东周时期采用了高硬度粗颗粒的研磨砂。

　　同理，东周时期的玛瑙环的内壁如果也是采用了敲击方法做成，那么留下的敲击痕迹有深有浅，在打磨修整的时候很难做到全面修磨去掉，残留的敲击痕迹便造成了玛瑙环内壁普遍存在磕碰痕迹的假象。

图192　疑似用木棍夹
住用来修磨玛瑙环（块）
内壁的石质工具

图193　石质工具顶部未见抵住玉石器旋转钻孔磨损痕迹

图194　石质工具打磨玛瑙内壁模拟示意

图195　玛瑙器半成品以及内壁打磨扩孔痕迹

东周玛瑙环内壁打磨痕迹

石质工具

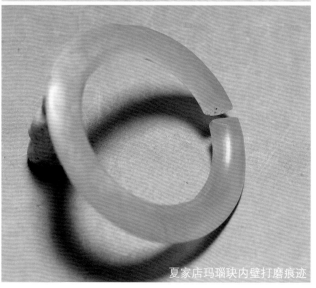

夏家店玛瑙玦内壁打磨痕迹

图196　石质工具表面光滑度与夏家店玛瑙玦内壁和东周玛瑙环内壁的对比。这类被用作修磨工具的石器上的磨痕较轻，而东周时期玛瑙环的内壁磨痕较重，反倒与夏家店地区玛瑙玦内壁修磨痕迹更加吻合，极有可能是打磨玛瑙玦内壁的工具

第七节　水晶环制作比玛瑙环制作多出来的一道工序

　　水晶和玛瑙虽然成分上都是由二氧化硅组成，但是其内部的分子排列不一样造成了其外观与质地有很大差别，玛瑙多为不透明或者半透明状态，水晶则为纯透明状态。这种状态决定了用水晶制作的佩饰上面容不得半点瑕疵，所以水晶环的制作在工艺上的要求比玛瑙环的制作更严格，因而在水晶环的内壁上，古人采取了深度打磨的方式，去掉了敲击痕迹，并在此基础上对内壁实施了抛光处理。（图197）比较有意思的是，古人有选择地在晶体通透的水晶环上进行了精抛光，在棉裂比较多的水晶环上的抛光则不是那么精细。所以我们在那种透明度高的水晶环的内壁上基本上见不到玛瑙环内壁那种深邃的打磨划痕，这种处理体现了古人独到的审美眼光和因材施技、不同材料不同处理方式的智慧。（图198）

　　纵观整个东周时期，不管是玉器加工还是玛瑙、水晶佩饰的加工，在当时都是高科技产品，其服务对象为上层贵族，其技术也必然属于上层贵族垄断的技术，齐国故城内的某一个区域必定存在着相关的作坊遗址，而这一处遗址，也许就在齐国故城的小城遗址的某一个区域。燕国都城燕下都遗址玛瑙加工作坊位于宫殿区附近，如果以此为参考，齐国的玛瑙作坊也应该在宫殿区域附近。玛瑙作坊遗址里会有大量的下脚料残渣以及残留的半成品，这些残渣将验证我们的推理是否正确。我们也拭目以待，盼望着哪一天的考古发掘能出土实物工具予以证实。

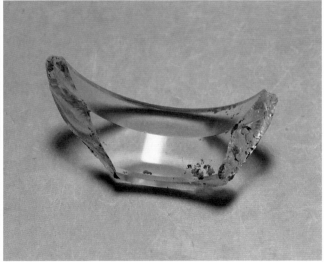

图197　水晶环内壁精抛光状态

图198　棉裂较多的水晶环内壁未做精抛光处理

第九章

东周水晶、玛瑙佩饰的钻孔问题

东周时期的水晶、玛瑙材质的佩饰中，除了环子之外，其他的珠、管、觿、珩、三通等器型都离不开钻孔这一工序，所以孔道一直是备受关注和争议的一个热门话题，归纳起来此话题大致分为三个问题：第一个问题是关于孔道内壁光亮的问题，第二个问题是东周时期的玛瑙、水晶佩饰为什么要采用对钻孔，第三个问题是钻孔用什么样式的工具。

第一节　钻孔孔壁光滑的原因

我们首先探讨一下孔道内壁光亮如水的这个问题，坊间有很多人认为东周时期的水晶、玛瑙佩饰的水亮孔道是古人出于美观的目的，在打孔完成之后特意经过二次抛光处理，这其实是一种误解。这点我们可以参考一些实物标本的照片来做一些分析。

1. 如果古人是出于美观的目的对孔道进行二次抛光，那么大量的东周时期的水晶、玛瑙佩饰上总会有一两个漏网之鱼，或者一些孔道的局部会有抛光不到位的实物案例存在。但是事实是，我们在博物馆里所见到的众多出土的实物里面，每一件的孔道都是清一色的水亮孔道，包括古人发现孔道钻偏后对钻孔方向进行调整产生的台阶错位位置，以及钻头旋转产生的螺旋痕迹，里面都是清一色的光亮如水的孔道。（图199）

2. 如果是古人对孔道进行二次抛光的话，必然打孔在先，抛光在后，那么出现在半成品上的孔道的内壁肯定是毛糙的，我们可以观察图200中的这三张插图：这是分别属于三件不同标本上的钻孔痕迹，孔道刚开始钻了没多久就半途而止了。我们可以清楚地看到钻孔的孔底、孔壁的光泽与成品孔道内壁的光泽一样光亮如水，这足以说明一个问题，东周时期水晶、玛瑙佩饰的钻孔与孔壁抛光是同步的，钻具在钻孔的同时无意中完成了对孔壁的抛光。

3. 如果古人是为了美观而对孔道进行二次抛光的话，那么抛光的重点必然会放在明显可见孔道的物件上，比如水晶材质或者质地比较通透的玛瑙质地的珠子、竹节管、三通等佩饰上。而玛瑙珩这类孔道短浅而且孔道所处位置难以被观察到的佩饰上则没有对孔道进行抛光的必要，但是我们观察实物资料可以发现，这类器型的孔道内壁依然光亮如水。

另外玛瑙觿的孔道光亮与否并不影响其美观，但是这种隐蔽位置的孔道里面依旧是光滑水亮的，这些现象也说明了东周时期水晶、玛瑙佩饰的孔道内壁是在钻孔的同时无意中完成了抛光。（图201）

4. 我们回顾水晶、玛瑙环的加工工艺这个问题，前面在玛瑙环的加工工艺章节里我们讲过，玛瑙环是靠敲击完成初步造型的，它的内壁敲击方式有两种，一种是慢慢敲击直到敲击穿透。另外一种就是先沿着事先设计好的内壁位置打一圈钻孔，然后把芯子整体敲

图199 东周时期玛瑙和水晶珠饰钻孔光滑度，连螺旋纹里面都光亮如水面

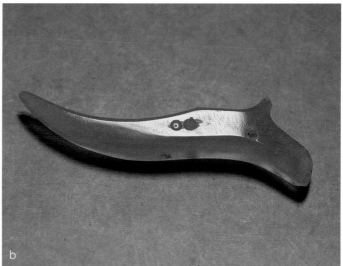
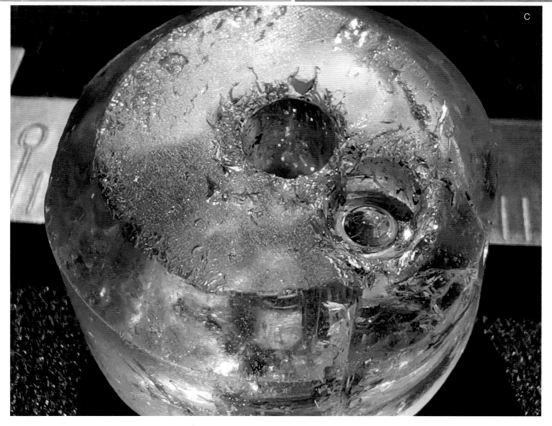

图200　a.这图中有意思的钻孔似乎能揭示出古人制造玛瑙觿的一些过程步骤，这件残断的玛瑙觿贯通的孔在穿过绳子之后刚好处于平衡状态，但是如果按照那个半途而废的孔钻通的话，穿绳之后是头重脚轻向前倾斜的。从这现象我们似乎可以看出来，古人加工玛瑙觿的工序是造型在先，打孔在后。造型做好了，在打孔的时候尾巴断掉了，古人为了寻找平衡，只好把打孔的位置前移了一下，因为制作不易，残破的器物也不舍得丢弃，而是适当地做了一下调整，继续利用起来。b.这件完整玛瑙觿的钻孔似乎是古人在钻孔的时候没有找对平衡点，发现这个问题后停止了钻孔，在重新找到平衡点后开始了第二个钻孔。c.这件水晶珠上残存的钻孔似乎更像是取料痕迹的残留，钻孔依旧光亮如水。以上种种现象都证实了钻具在钻孔的同时无意中完成了对孔壁的抛光

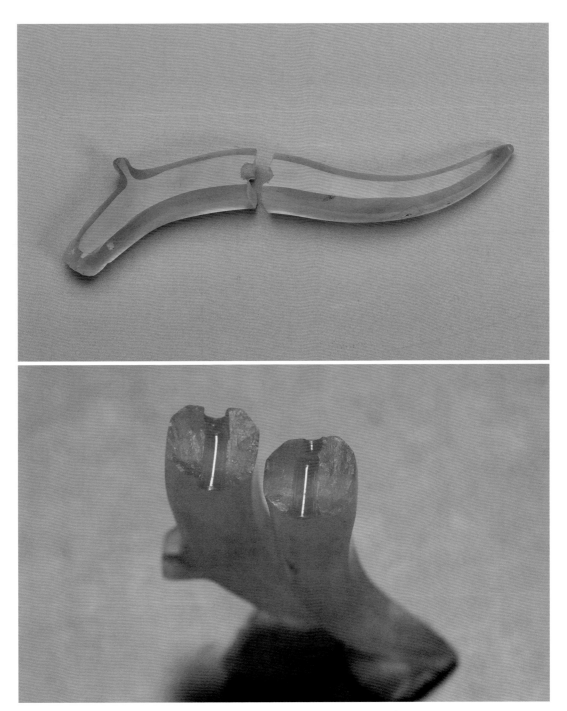

图201 断玛瑙觽孔道。这是一只断掉的玛瑙觽，断裂位置正好位于
孔道区域，我们能直观地看到玛瑙觽的孔道里面依旧是光滑水亮的

掉，因而这种方式制作出来的玛瑙环和水晶环的内壁经常残存着当时为了去芯子而打的钻孔痕迹。这种钻孔从逻辑上来讲是最没有必要对孔道内壁进行二次抛光的，但是事实上我们在实物上可以看到，这种残存的钻孔依旧是孔壁光亮如水。这种情况也充分证实了东周时期水晶、玛瑙孔道内壁光滑的现象并非是古人为了美观而特意为之，而是钻孔工具在钻孔的同时无意中完成了孔壁的抛光。（图202）

图202　玛瑙环和水晶环内壁残存的去芯钻孔

第二节　东周时期的水晶、玛瑙佩饰为什么要采用对钻孔的工艺

　　东周时期水晶、玛瑙佩饰上的钻孔大部分采用了对钻孔的方式，很多人在看到这种情况的时候会产生一种疑问：是不是古人不具备长距离钻孔的能力，从而不得不采用对钻孔的方式？

　　这个问题我们通过两件玛瑙简单的对比就可以轻而易举地得出答案。我们可以通过图203来做一个对比，这是一根长玛瑙竹节管和一根短玛瑙管放在一起的对比图，两根玛瑙管都采用了对钻孔的方式，小玛瑙管总长1.5厘米。长竹节管的总长度为5.5厘米，孔道从两端钻入，于中间竹节位置对接，单边钻孔长度距离远远超过小玛瑙管的对钻总长。显而易见，对钻孔道不是因为钻孔距离的局限。实际上在齐国本地出土的很多更小的，直径一两毫米的玛瑙珠饰也是一样采用了对钻孔工艺。

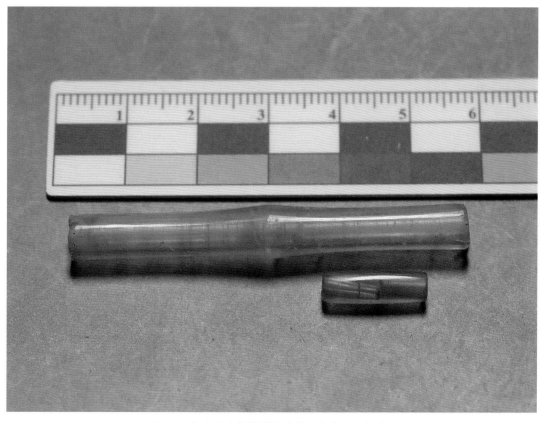

图203　长玛瑙竹节管单侧的钻孔长度远远超过了小玛瑙管对钻孔长度之合，却依旧采取了对钻打孔的方式

　　古人既然能实现长距离钻孔，为什么还要采用对钻孔的方式？我们观察对比了众多的博物馆以及考古研究所内收藏的东周时期的水晶、玛瑙饰品发现一个特点，如图204，两颗水晶珠子的钻孔都是歪的，这说明钻头在钻进到一定深度的时候，孔道的方向就开始出现偏差。古人掌握了先进的钻孔技术，但是有可能无法十分精准地把握钻孔的方向，如果不采用对钻的方式，大部分珠饰的孔道有可能尚未到达对面就从侧壁破壁而出，导致整颗珠子废掉。

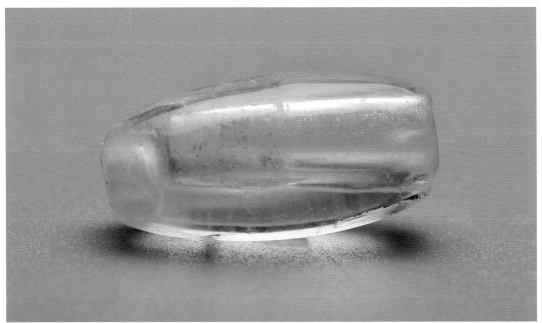

图204　错位钻孔的水晶珠子

钻孔方向的偏差随着孔道的长度增加而不断增大，孔道越长，偏差就会越大，这在长距离孔道的竹节管上尤为致命，这也是为什么较长的玛瑙管要采用中间起竹节造型的原因之一。竹节的造型在东周时期有没有特殊的图腾和寓意我们无法下一个准确的结论，但是这样的造型除了美观之外，另外的原因就是利用凸起的竹节弥补孔道错位造成的偏差，避免钻孔方向偏移造成管壁侧穿。（图205）

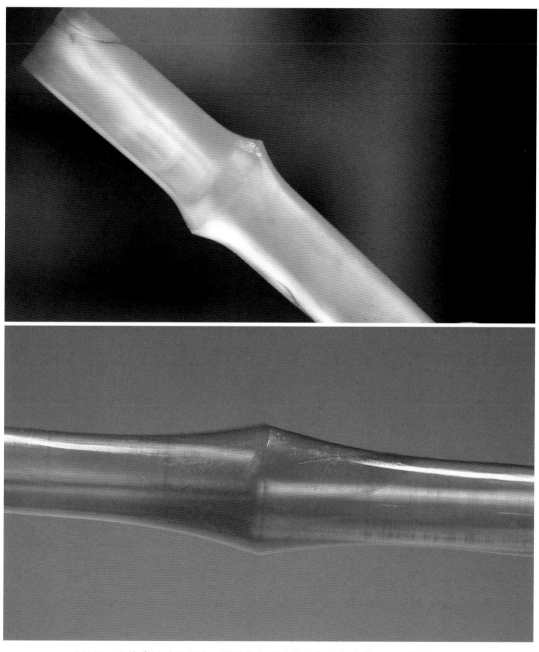

图205　竹节管的对钻错位，错位较大的对钻孔都是在竹节位置调整接通

有很多钻孔方向没有歪斜的水晶珠饰，明明就要钻通了，却依然选择在对面稍微对向钻一下使其贯通，这是为什么？

在解释这个问题之前，我们先把目光转向单面钻孔的器物上，前面我们讲过，东周时期的水晶、玛瑙饰品大部分采用了对钻孔的工艺，但是也有极少一部分是采用了单面钻孔方式——在少数的玛瑙珩上，其钻孔使用了单面钻孔的方法。

如图206所示，单面钻孔在即将钻通的时候，对面产生了明显的崩口，这是因为古人为了加快钻孔速度，除了使用高硬度的研磨砂之外，还对钻孔工具施加了一定的压力，当钻孔越来越深，在即将钻透的时候，最后那一层薄薄的玛瑙承受不住钻头的压力而发生了崩裂。如果这种崩裂出现在体积较小的珠子上，对珠子的品相来说无疑是毁灭性的，以此推论，防止出现崩裂有可能是古人采取对钻打孔的另一个原因。

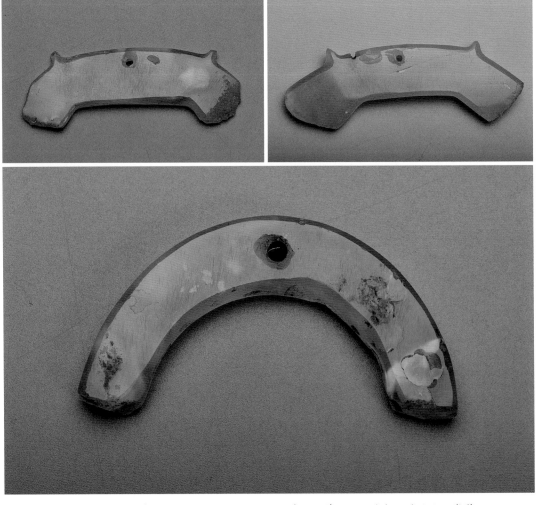

图206　采用了单面钻孔方式的玛瑙珩的钻孔特征，单面钻孔造成了对面孔口崩裂

　　除此之外，钻孔的孔道越深，钻杆摩擦力越大，仔细观察这个时期的水晶、玛瑙制品，尤其是透明度较高、易于观察的水晶饰品，就会发现一个细微的问题：大部分孔道的状态是口沿直径略微大于孔底直径，呈均匀渐变的不明显的喇叭口形状。（图207）

　　孔道的口沿直径大于孔底直径说明一个问题：钻头在向前钻进的同时，钻杆也在带动着孔道里的研磨砂以及钻下来的玛瑙、水晶粉末对孔壁产生摩擦，所以钻孔越深，钻杆与孔壁的接触面越大，磨损也就越多，相应地会产生更大阻力。对向钻孔的方式能减少这方面的麻烦，能大大地减少这种摩擦，有效地提高钻孔效率。

图207　口大底小的孔道说明了钻到一定深度之后钻杆也在对侧壁进行磨损

第三节　古人钻孔用的是管钻还是实心钻

　　实心钻也叫"桯钻""杆钻"，形状如同圆棒，实心钻和管钻的使用历史都非常古老，两者都可以追溯到史前文明时期，距今约6000年的红山文化[①]玉器有很多是采用了实心钻的方式，例如红山文化玉器的代表——双联璧就是采用了实心钻进行钻孔。另外距今4500年的龙山文化[②]绿松石也是使用了实心钻进行钻孔。而距今4000年左右的齐家文化[③]和距今5000多年的良渚文化[④]则大范围使用了管钻技术，这种管钻痕迹在玉璧、玉铲和玉琮上随处可见，并且这两种钻孔方式经夏、商、西周、春秋战国一直沿用至今。

　　那么这两种钻孔方式所呈现出来的钻孔的区别在哪？

　　我们看管钻的痕迹特征，同时期的管钻痕迹在玉器上较为常见，图208为东周时期玉器残片上残留的管钻痕迹，我们对比不同的两件玉器上的管钻痕迹就会发现：管钻的一个明显特征就是管钻会产生一个平顶的玉芯，而对于较深的管钻孔，里面会有一个芯子被掰断的断痕。这点我们可以参考明清时期的玛瑙烟嘴上的管钻痕迹，虽说管钻的时代不一样，但是管钻的原理决定了管钻的痕迹不会有差异。（图209）

　　观察图210中的这两例东周水晶、玛瑙佩饰的钻痕，我们会发现孔道底部残存有一个很明显的乳突，什么样的钻头会留下这种痕迹？

　　古代钻具与现代钻具最大的一个不同点是：现代的钻具使用的是电镀工艺，把起到研磨作用的金刚石颗粒固定在钻头上。而古代的钻具的钻头与研磨砂是分离的，靠水的表面张力吸附和钻头的顶压的力量抵住研磨砂做来回旋转或者以单一的固定方向旋转钻进。（有考古证据证明在战国时期有青铜齿轮出土，汉代甚至已经出现"人"字齿轮实物，所以我们不排除战国时期有利用水车或者畜力带动齿轮实现力量转换带动钻具连续旋转钻孔

[①]　红山文化，发源于内蒙古中南部至东北西部一带，起始于五六千年前，是华夏文明最早的文化痕迹之一。分布范围在东北西部的热河地区，北起内蒙古中南部地区，南至河北北部，东达辽宁西部，辽河流域的西拉木伦河和老哈河、大凌河上游。

[②]　龙山文化泛指中国黄河中下游地区新石器时代晚期的一类文化遗存。铜石并用时代文化，因首次发现于山东省济南市章丘区龙山街道办事处（原山东省济南市历城县龙山镇）而得名，距今4600—4000年。分布于黄河中下游的山东、河南、山西、陕西等省。大汶口文化出现的快轮制陶技术在这一时期得到普遍采用，磨光黑陶数量更多，质量更精，烧出了薄如蛋壳的器物，表面光亮如漆，是中国制陶史上的鼎盛时期。

[③]　齐家文化是以中国甘肃为中心地区的新石器时代晚期文化，已经进入铜石并用阶段，其名称来自其主要遗址甘肃广河县齐家坪遗址。齐家坪遗址1924年由考古学家安特生所发现。

[④]　良渚文化分布的中心地区在钱塘江流域和太湖流域，距今5300—4400年。该文化遗址最大特色是所出土的玉器，包含有璧、琮、冠形器、玉镯、柱形玉器等诸多器型。良渚文化是人类早期文化遗址之一，实证中华五千年的新石器时代人类文明史，标志着中华五千年的新石器时代文化史。2019年7月6日，良渚古城遗址被列入世界文化遗产名录。

图208　东周时期玉器上的管钻痕迹

图209　玛瑙烟嘴里面被掰断芯子的状态，会看到一个明显的不规则断裂面

图210　水晶珠和玛瑙竹节管钻孔底部的乳突

的方式。）

在古代钻头与研磨砂分离的情形下，钻具仅仅是提供动力的工具，真正起到钻进作用的是钻头前端的研磨砂。桯钻的造型是一根细长的圆柱，它在转动的时候带动前端的研磨砂做圆周运动，钻头圆面带动着无数颗研磨砂在玛瑙孔道底面划出无数同心圆，越是外围的研磨砂摩擦滑动距离越大，相反，越是靠圆柱钻头中心位置的研磨砂滑动的距离越小，最中心的圆心位置的研磨砂几乎是不动的，没有对孔底中心位置的水晶、玛瑙起到研磨作用。（图211）如果这时候对桯钻施加足够的压力以紧紧抵住孔底旋转的话，玛瑙和研磨砂反倒开始磨损圆柱形的桯钻钻头的中心位置，并在钻头中心形成一个漏斗形的凹陷，对应的玛瑙孔底开始是形成一个针眼大小的乳突，随着深度的增加，钻头的磨损会加剧，最终会在玛瑙孔道底部形成一个尖尖的锥形凸起。（图210）当然也不排除古人直接用的就是凹面钻，这在没有发现遗址出土的工具实物之前无法将此结论定死，但是可以肯定的是这种钻孔痕迹不是管钻的特征。

比较有意思的是，在甘肃地区和内蒙古地区出土的夏家店时期的半成品玛瑙珠饰和钻孔工具，令人意想不到的是用来钻孔的钻头为石质的，在这类石质钻头上便出现了钻头中心内凹的情况，相对应地，在珠子钻孔的底部中心也必然会出现乳突。（图212）

北方夏家店文化后期在时间上与中原的东周时期是重合的。甘肃地区和内蒙古地区发现的夏家店时期的制造玛瑙珠饰的钻头技术有可能应用到东周时期的中原地区，区别是有可能中原改进了钻头的材质，采用金属材质的钻头。

综上所述，根据管钻和实心钻两种钻头留下的钻孔痕迹分析，首先可以排除掉空心钻打孔的可能性，东周时期玛瑙、水晶佩饰上的钻孔应该是采用实心钻打孔，这一点是可以肯定的，至于使用的是实心钻中的平面钻还是凹面钻有待后续考证。

图211　实心钻头前面研磨砂运动轨迹示意图

图212 甘肃和内蒙古地区出土的夏家店时期燧石材质的钻孔工具与半成品玛瑙珠

第四节　钻孔的粗细问题

　　东周时期玛瑙和水晶上的钻孔直径并非大小一致，在诸多珠饰、佩饰上的钻孔有大有小，同时期的石磬上的钻孔直径可达两厘米；在玛瑙佩饰上大的钻孔直径也有五六毫米，小的不足一毫米；在临淄地区出土的小如粟米的玛瑙和松石珠子上有着细如发丝的钻孔。这个时期的珠饰钻孔尺寸直径在不足一毫米到六毫米之间各个尺寸都有，没有固定的格式。我们对比孔径与实物尺寸来看，发现东周时期的古人是根据被钻孔物体的大小来决定钻孔大小的。在较大的珠饰上钻的孔比较大，在小的珠饰上钻的孔比较小。古人在钻孔时注意到了孔径与珠体的大小比例问题，在小的珠饰上钻大孔或者在大的珠饰上钻小孔都会显得比例不协调，这上面也体现出了古人的设计思路与审美观。（图213）

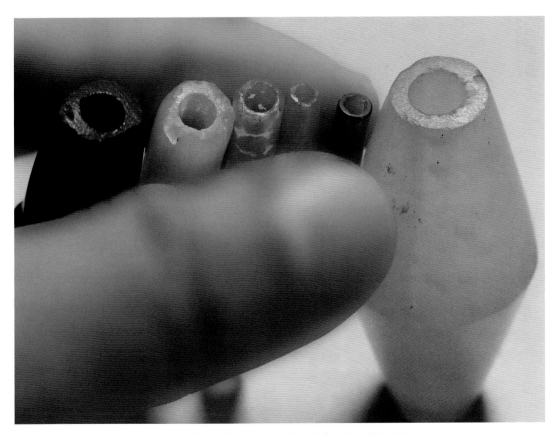

图213　东周时期不同大小的玛瑙管饰其孔径也不同

○ 第十章

东周水晶、玛瑙佩饰打磨痕迹
和加工周期的问题

第一节　东周玛瑙和水晶佩饰的打磨

很多人把打磨和抛光混为一谈，但事实上打磨和抛光是水晶、玛瑙等玉石器加工过程中的两个不同工艺。打磨是指用颗粒比较粗的研磨砂给水晶、玛瑙等玉石器塑形的过程。而抛光则是用颗粒极其细的研磨砂对已经成型的水晶、玛瑙等玉石器的表面进行处理，让其表面出现光泽的过程。玉器因为材料的特殊性，不需要非常严格的抛光也会有漂亮的光泽，所以在春秋和春秋之前，有可能部分玉器会省略掉抛光这一步骤，但是玛瑙和水晶因为其材质的特殊性必须得有抛光这个过程，不然无法出现温润亮丽的光泽，那么打磨后的玛瑙和抛光后的玛瑙表面分别是什么状态？图214就是古代经过了打磨，但是没有抛光的半成品玛瑙环标本。图215则为抛光后的玛瑙环成品。抛光是水晶、玛瑙佩饰在制作过程中一个不能忽略的必备工序。

图214　只经过打磨但是没有抛光的玛瑙表面状态

图215　经过抛光处理之后的玛瑙表面状态

　　成品的玛瑙环在放大镜下可以看到一种叫作"牛毛痕"的打磨痕迹，这种痕迹实质上属于一种残存的打磨痕迹，严格意义上讲这是一种瑕疵，是抛光过程中没有完全去掉的打磨时的划痕。这种残留的痕迹能给我们传达出很多重要的信息。

　　在前面的文章里面讲过，玛瑙环的加工步骤是先敲击成大体形状，然后打磨成型，最后再抛光。图216就是东周时期几件玛瑙饰品的"牛毛痕"，这些痕迹呈各种状态，纵横交错，深浅不一。纵横交错是因为打磨方向不固定，而导致深浅不一的原因除了跟打磨时候用的研磨砂颗粒大小有关之外，另外一个原因就是打磨痕迹重叠覆盖和后期抛光导致。打磨过程中先期打磨留下的划痕被后期的覆盖会导致先期的划痕变浅，在抛光过程中抛光力度越大，这些残留的打磨痕迹就会越浅，这样玛瑙表面的光泽会更加光亮，抛光力度弱，这些残留的痕迹就会深一些，玛瑙表面的光泽就会显得暗淡一些。

图216　东周时期玛瑙环上残存的打磨痕迹

第二节 东周玛瑙和水晶佩饰打磨使用的材料

这种残存在玛瑙、水晶表面的打磨痕迹非常普遍，几乎在每件佩饰的平面区域都能观察到，而且这些痕迹非常犀利，如同钢刀划过豆腐的感觉。玛瑙和水晶主要成分都是二氧化硅，二者硬度相当，都是摩氏硬度为7，这在自然界中是很高的硬度了，能在如此坚硬的东西上留下这么犀利的痕迹会是什么物质？有人认为是比较尖锐的石英岩质地的研磨砂。笔者认为这种推测不成立，石英岩是二氧化硅的一种，摩氏硬度也是7，同等硬度的物质互相摩擦虽然会在彼此表面留下痕迹，但是这种痕迹不会太犀利，这就好比你用削尖的木棍尖部去划木板平面，虽然能留下肉眼可见的划痕，但是这种划痕很浅，不会形成如此强烈的对比差。要想留下非常犀利的划痕，两者之间必须要有一个相差悬殊的硬度差，同样的道理，要在水晶、玛瑙的表面留下这么犀利的划痕，必须得是一种硬度远大于水晶、玛瑙硬度的物质，摩氏硬度达到9甚至10的材料。自然界中代表这两种硬度的天然矿物就是蓝宝石和金刚石，这两种矿石恰好都产自齐国境内，而且距离临淄都城不远，盛产蓝宝石的昌乐县直接与现在的临淄地区接壤，在春秋战国时期则完全属于齐国领土，距离都城临淄仅二三十公里。

蓝宝石又称"刚玉"，属于刚玉族矿物，其摩氏硬度为9，是自然界天然矿物中硬度排行第二的一种矿物，在昌乐县境内分布很广，储量丰富，很多地方以砂矿形式裸露于地表。在20世纪八九十年代，昌乐本地的放羊人经常把山坡上捡来的蓝宝石当作火镰打火点烟的工具，而且当地居民90年代建房时从河里捞来用作装饰墙面的水洗石里面经常夹杂着蓝宝石矿，足见这种矿物在当地的储量有多大、分布有多广。那么在2000多年前的东周时期更不用多说了，虽然它们多数以不透明的工业级别的矿物形式存在，但是这并不影响其加工打磨玛瑙、水晶佩饰的功效，东周时期齐鲁大地上的先民把这种石头捡来捣碎，淘洗过筛之后用来当作打磨水晶、玛瑙的研磨砂也不是没有可能。（图217）

同时山东地区又是出土金刚石的重要产地，山东境内出产金刚石的地区以蒙阴为最大、最集中，位于临淄南部，距离200公里左右，金刚石摩氏硬度为10，其显微硬度比石英高1000倍，比刚玉高150倍，绝对硬度是刚玉的4倍、石英的8倍，是自然界天然矿物中硬度最高的物质。如果把金刚石用作加工玛瑙、水晶佩饰的研磨介质，毫无疑问将是一种非常有效的材料。（图218）

以上这两种研磨材料目前来看是东周时期加工玛瑙、水晶佩饰的最佳选择（当然也不排除有可能采用了石榴石之类的高硬度物质），当时具体采用了蓝宝石和金刚石这两种矿石中的哪一种做研磨砂，我们期待未来在对临淄故城的考古中找到东周时期的水晶、玛瑙佩饰的制作作坊，并从中得到进一步证实。

图217 蓝宝石原矿

图218 金刚石原矿

第三节　东周玛瑙、水晶佩饰的制作周期

制造一件玛瑙环、水晶环在春秋战国时期需要多长时间，这个问题没见有任何明确的先秦史料记载，一些成书于后期的史籍资料中对玛瑙器的加工偶有只言片语的记载，但是仅作为参考，因为春秋战国时代制作水晶、玛瑙制品时用的工艺方式与后期的不一定相同。

春秋战国时期制作玉器、水晶、玛瑙的工匠并不是奴隶，他们有着一定的社会地位，而且当时很多属于工匠世家式的传承，以父传子、子传孙的方式一代代传承，这种存在于血缘关系之间的传授优于师徒传授，更能毫无保留地倾囊相授，家族式的技术传承模式更利于技术的积累和进步。通过对玛瑙、水晶佩饰上面存在的痕迹的研判，我们可知古人的智商并不比现代人差，他们对于一个个难题总是能找到在当时的条件下最简单易行的办法去解决。

考古现场是第一证据，但文物上残存的痕迹其重要性并不亚于第一考古现场，失传的工艺在没有生产作坊遗址等考古证据的情况下，产品本身上残存的痕迹就会跨越史籍资料成为第一证据。这种证据比史书里的记载更接近事实。前面我们讲过，普遍存在于玛瑙、水晶表面的"牛毛痕"是玛瑙和水晶在制作粗坯时的打磨痕迹，而且我们看到的是抛光之后残留的，说明在没抛光之前这种痕迹会更深。这些密密麻麻的划痕，每一条都是一粒研磨砂单次划过去留下的划痕，无数的研磨砂分布于一个研磨平台表面，古人按住玛瑙环粗坯每磨一下，都会在玛瑙本体上留下无数条同方向并排平行的深划痕，这种痕迹足以证明，古人的打磨速度不慢。我们通过对比同时期的夏家店文化出土的玛瑙玦成品和半成品标本上的打磨痕迹来看，夏家店时期的人们在打磨玛瑙制品的时候至少用到了三种粒度的研磨砂。（图219）在初期打磨的时候用的是大颗粒的较粗的研磨砂，这样能快速地打磨定型，后期的打磨用了颗粒较细的研磨砂，这样能减少后期抛光的难度和时间。夏家店文化上层的玛瑙玦在时间上与中原地区的东周时期是并行的，这些技术出现在夏家店文化地区的同时，被应用在中原地区的可能性很大，夏家店文化在地理位置上与南部地区的晋国相邻，齐国和晋国的水晶、玛瑙作坊中很有可能也使用了同样的加工模式，只是这些中原地区的玛瑙作坊遗址目前为止尚未被考古发掘。

我们在有关玛瑙环的加工方式的章节中讲过，玛瑙环是采用了敲击成粗坯再打磨抛光的工艺方式，这种成型方式比其他方式更加省时省力。综合起来看，古代工匠制作一件玛瑙环所耗费的时间并没有我们猜想的至少一年那么漫长，对于一个世代从事玛瑙环制作的熟练的工匠而言，制作一件玛瑙环也许只需要几十天左右的时间，或者更短。（图220）

图219　夏家店玛瑙玦半成品标本，从表面打磨痕迹来看，夏家店时期
的人们在打磨玛瑙制品的时候至少使用了三种粒度的研磨砂

图220 夏家店玛瑙玦半成品上的打磨痕迹与东周玛瑙环成品上残留的打磨痕迹。我们通过对比半成品与成品图可以看得出，如果早期打磨定型的时候采用颗粒较粗的研磨砂，后期抛光之前再用颗粒较细的研磨砂打磨一遍，会极大节省打磨和抛光两个步骤所耗费的时间

第四节　玛瑙珩的打磨痕迹

在玛瑙珩的表面上难以见到纵横交错的打磨痕迹，几乎无一例外地都是朝一个方向单向打磨或者来回往复研磨，这种痕迹揭示了玛瑙珩在打磨过程中采用了与玛瑙环不一样的工艺：从垂直于玛瑙珩长度方向的角度去打磨。（图221）

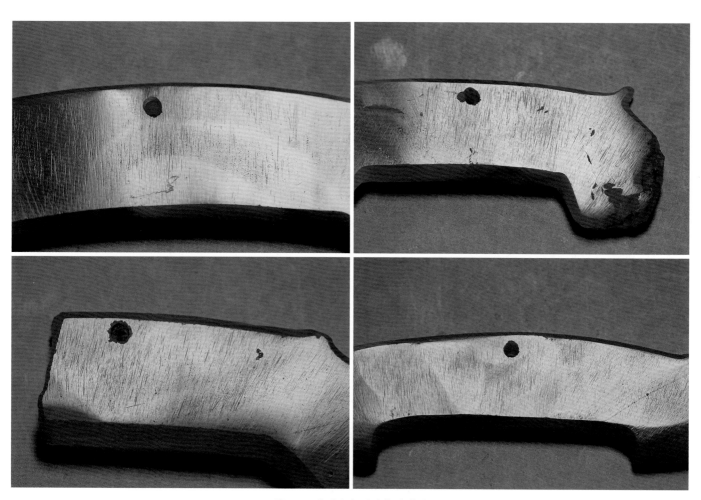

图221　玛瑙珩上面的打磨痕迹

第五节　水晶、玛瑙环的打磨痕迹

　　玛瑙环的平面区域的打磨痕迹多数是纵横交错的，这种打磨痕迹表明，古人在打磨过程中的打磨方向不固定，每打磨一段时间就会调整一下打磨方向。水晶和玛瑙两种材料的质地、结构不一样，因为玛瑙具有不透明和半透明的特征，一些相对较重的打磨痕迹残留对玛瑙的外观审美影响不大，而水晶因为质地透明，所以对打磨的要求要比玛瑙严格。我们在这两种材质的环的表面上能看出区别来，水晶佩饰中，尤其是质地精纯、透明度高的水晶的打磨要比玛瑙更加精细，残留的打磨痕迹更加细微，不仔细观察难以发现。（图222）

图222　平台玛瑙环的平面区域残存的打磨痕迹

平台环的外缘采用了顺着外缘的弧度方向或者斜顺着弧度方向打磨的方式，因为这个面的弧度决定了这样的打磨方向是最省力的。这个面上残存的打磨痕迹很浅，几乎看不到打磨痕迹，这是因为弧面比平面更易于抛光，打磨痕迹被抛光得很浅以至于难以发现，甚至被磨平消失。未见长距离圆弧形打磨痕迹，排除固定旋转切削的打磨方式。（图223）

三才环斜面的打磨有一定的规律性，残存的打磨痕迹顺向玛瑙环，因为产地不一，加工作坊不同，有的打磨方向有一些斜度。总体来看，齐国地区的三才环抛光较为彻底，难以观察到打磨痕迹，晋系和陕北、河北北部地区的三才环打磨和抛光都较为粗糙，能肉眼可见残存的打磨划痕。斜面未见圆弧形长距离打磨痕迹，排除固定旋转切削的打磨方式。（图224）

图223　平台环的外缘弧面打磨痕迹，因为弧面比平面更易于抛光，所以残存的打磨痕迹较少

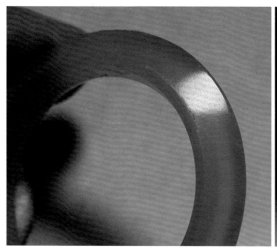

图224　三才环上的打磨痕迹

第六节　玛瑙觿的打磨痕迹

　　玛瑙觿的打磨方式与玛瑙珩比较接近，多数属于单向打磨，残留的打磨痕迹几乎都处于同方向的平行状态。（图225）在齐系玛瑙觿中有一种比较奇怪的现象，有部分玛瑙觿除头部外周身都经过了精细抛光，唯独两侧的平面没有抛光，如果是个别例子的话可以理解为古人抛光时疏忽大意遗漏所致，现实情况是，出现这类情况的玛瑙觿数量还不少，未抛光位置全部都是两侧平面区域，不存在其他位置不抛光的情况。目前导致这种情况的原因尚不清楚，这是一个费解的问题。（图226）

图225　玛瑙觿上的打磨痕迹

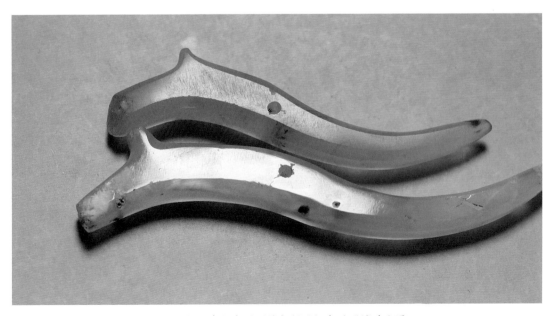

图226　侧面未抛光玛瑙觿与侧面抛光玛瑙觿对比图

第七节　玛瑙竹节管饰的打磨痕迹

玛瑙竹节管的打磨方向垂直于主体，痕迹为横向打磨，用手触摸能感觉到一棱一棱的打磨面。（图227）其原因在前面第七章《竹节管的前生今世》第六节有详细介绍，在此不赘述。

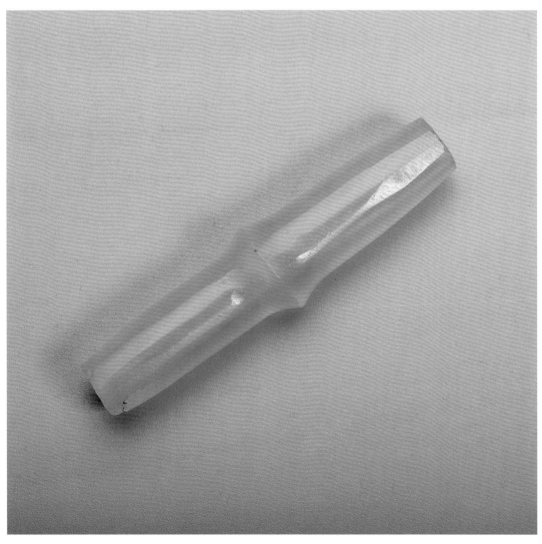

图227　玛瑙竹节管上的打磨痕迹

第八节　玛瑙、水晶珠饰的打磨痕迹

在珠子上面基本上很难看到残留的打磨痕迹，这是因为珠子的面是弧面，弧面打磨起来比平面更加省力，大部分珠饰的打磨痕迹在抛光过程中被磨掉了，所以我们难以见到珠子表面的"牛毛痕"打磨痕迹，但是有部分水晶珠子表面能看到残存的打磨定型的棱面。玛瑙珠饰的打磨基本与水晶珠饰一致。（图228）

图228　水晶珠上的打磨状态

第九节 水晶三通上面的打磨痕迹

因为水晶材料的特殊性，在抛光要求上比玛瑙严格，所以在大多数水晶制品上难以见到残存的打磨痕迹，或者痕迹很浅。水晶三通平面上的打磨痕迹与平台玛瑙环的平面区域的打磨痕迹是一样的，均为纵横交错的打磨痕。（图229）

综合来看，东周时期不同的玛瑙、水晶佩饰其上面的打磨痕迹方向也不一样，这种现象与佩饰的造型有关，最大的可能是古人为了打磨起来方便而为之。

图229 水晶三通表面的打磨痕迹

第十一章

水晶与玛瑙佩饰上的痕迹和结构

第一节　贝壳状断口与崩口之争

　　贝壳状断口的科普解释为：贝壳状断口简称"贝状断口"。断裂面为具有同心圆纹的规则的曲面，状似贝壳的壳面。

　　2006年的冬季，那时候的古玩市场的地摊跟现在的不一样，只要具备鉴定新老的眼力，还是能在地摊上买到一些古代的小件珠玉标本的，笔者在西安的朱雀路古玩城地摊上亲眼见到一个年轻人以200元人民币的价格买了半截东周时期的玛瑙珩，一边观察一边嘴里念叨：贝壳状断口……但是实际上，在断掉的玛瑙珩以及其他玛瑙制品的断面上，我们看到的根本不是贝壳形状的断口。那么这是什么情况？（图230）

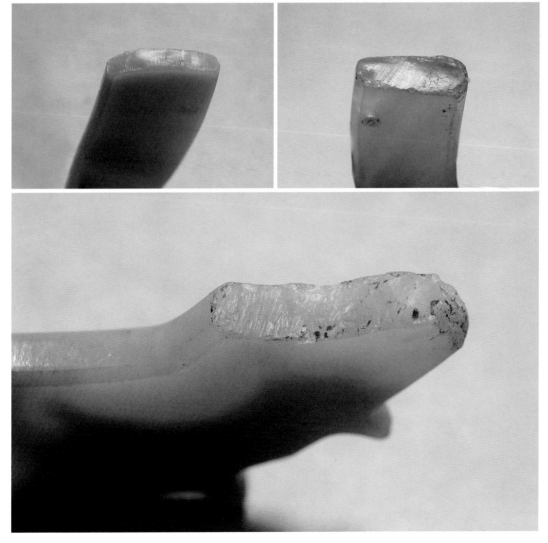

图230　玛瑙珩上的不规则断口

其实"断口"是在野外地质考察工作中通用的比较笼统的一个名词，没有细化到加工成品后的具体器物上，严格意义上讲，破裂分两类：一种叫断裂，一种叫崩裂。受到外力挤压或者扭力发生的整体上的大破裂叫断裂。受到外力敲击或者碰撞发生的局部小破裂叫崩裂。在受外力挤压产生的断裂面上，我们看到的是不规则断口，受到撞击产生的崩口才是具象的贝壳状断口，与我们常见的贝壳状态一致。（图231）所以我们在古董收藏界中，要抛开"贝壳状断口"这个笼统的概念，玛瑙和水晶的断口是不规则状的，崩口才是贝壳状的，为了区分开这两个概念，可以称之为不规则"断口"和贝壳状"崩口"。需要注意的是，完美的贝壳状破口只出现在崩口上，这点对后面我们讲的内容以及平时的鉴定尤为重要。

图231　玛瑙原石上的贝壳状崩口

第二节　东周水晶和玛瑙佩饰上的磕碰痕迹

　　水晶、玛瑙在制作成完整的佩饰之后，其在佩戴使用的过程中难免会遇到磕磕碰碰的情况，有些磕碰厉害的会在其表面留下很明显的磕碰痕迹。我们在有关玛瑙环制作的章节中讲过，它们是靠敲击方式制作粗坯，大部分都会存在制作粗坯时残留的敲击痕迹。这种形成于器形完成后的磕碰与残留的制作粗坯时候的敲击痕迹是有区别的。我们在前面有关玛瑙、水晶的贝壳状崩口的章节中聊过，水晶、玛瑙产生的磕碰呈现的是贝壳状崩口，而这种在后期佩戴过程中产生的磕碰崩口的特征是每一个都是一个完整的贝壳状崩口，这种情况在玛瑙敲击制作粗坯时的残留痕迹中很少看到。而且我们把这种贝壳状崩口放大来看，还能观察到它受到撞击时的受力点和撞击力传导的方向。（图232）

　　因为后期佩戴产生的崩口形成于打磨和抛光这两个程序之后，所以它们没有经过打磨和抛光的磨损，而且与天珠这类玛瑙珠饰相比，因中原地区盛行厚葬，难有年代跨度大的传承，多数都会随着其主人的去世而被葬入陵墓，传世时间随着主人寿命长短而变化，多则几十年，少则三五年。有很多佩饰制作出来没多久主人就去世了，于是这些佩饰在刚被做成成品后不多久便随葬埋入了地下，不会像天珠那样代代流传甚至于传世时间长达几百年或者上千年，东周时期水晶、玛瑙在磕碰之后的崩口上不会形成明显的佩戴磨损。所以东周时期水晶、玛瑙佩饰上这种因后期的佩戴产生的磕碰崩口往往边缘犀利，手摸上去有割手的粗糙感。（图233）

A

图232　完整的贝壳状崩口，并且能看到撞击受力点。受力点A，撞击力的传导方向是沿着A点向外波状扩散

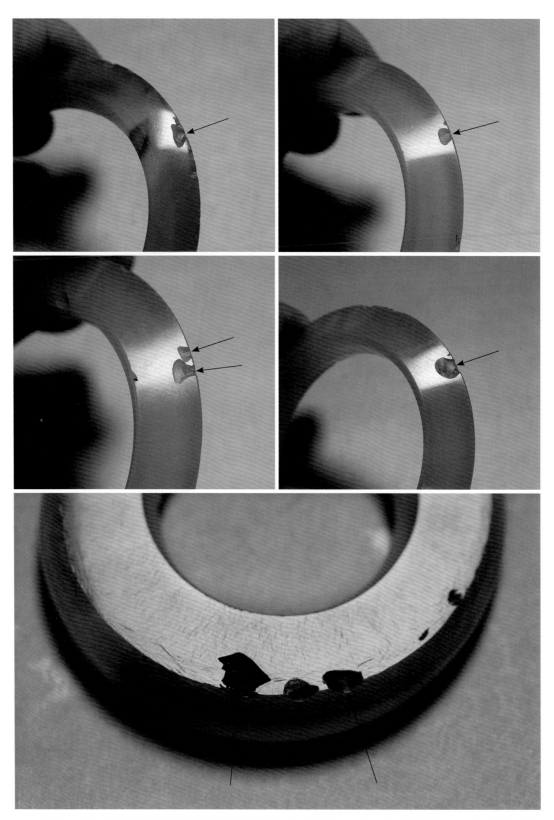

图233　东周时期玛瑙佩饰因后期佩戴磕碰形成的贝壳状崩口，崩口的边缘犀利尖锐，并且能看到受力点，如箭头所示

第三节 东周时期水晶、玛瑙佩饰上残留的敲击加工痕迹

　　东周时期水晶、玛瑙佩饰上残留的加工粗坯时候的敲击痕迹很容易与后期佩戴产生的磕碰痕迹混淆，但是只要观察足够细致，这两者不难区分。第一点，这类痕迹最明显的区别在于它们往往都是不完整的贝壳状崩口。古人用敲击的方式制作粗坯是为了更简单快速、省时省力地给粗坯定型，这个时候形成的敲击崩口都是完整的互相重叠的贝壳状崩口。（图234）当佩饰的大致形状出来之后还要经过打磨修形这一步骤，让它的形状更加规矩美观，这个过程中原来的完整的贝壳状崩口就会受到打磨的影响，较浅的敲击痕会被打磨掉，较深的敲击痕会被打磨到残留一小部分，所以我们看到的残留的敲击痕迹大部分是不完整的贝壳状崩口。我们可以做一个对比，图235中，a、b是两个重叠的贝壳状崩口，这是后期佩戴过程中形成的磕碰，c则是残留的加工粗坯时候的敲击痕迹。在a、b两处我们能清楚地看到箭头处有两个撞击受力点，而且能看到撞击力以两个撞击点为中心呈现波状向前扩散的迹象。在c处痕迹我们既看不到它的贝壳状结构，也找不到它的撞击受力点。这是因为它是敲击制作粗坯时残留的贝壳状崩口的一部分，所以这种不具备完整贝壳状结构且找不到撞击受力点的崩口基本上可以断定为残留的敲击加工痕迹。（图236）

　　第二点，我们从其边缘的锋利程度也能对这两种痕迹加以区分。残留的加工粗坯时的敲击痕迹因为后期要经过打磨和抛光两个程序，这两个过程都会对其边缘形成磨损，所以其边缘相比后期的磕碰痕迹较为圆滑，很多情况下，这种圆滑用肉眼观察起来或许不是那么直观，但是摸起来的手感区别较大，它没有因后期佩戴造成磕碰痕迹的边缘那么犀利，后期磕碰痕迹的边缘锋利，刮手感明显。（图237）

图234 敲击的粗坯上面的密密麻麻的重叠崩口。我们以北非地区用这类敲击方式制作的珠子为例，这种完全用敲击法制作出来的珠饰布满了贝壳状崩口，有一些看起来不完整的贝壳状崩口，其实是被后来敲击加工产生的崩口覆盖所致，同样的情况在东周时期的玛瑙佩饰粗坯上也会有所体现

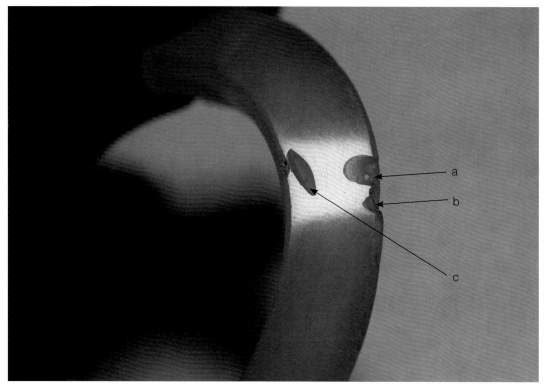

图235 东周玛瑙环上残存的敲击痕迹与后期佩戴造成的磕碰痕迹

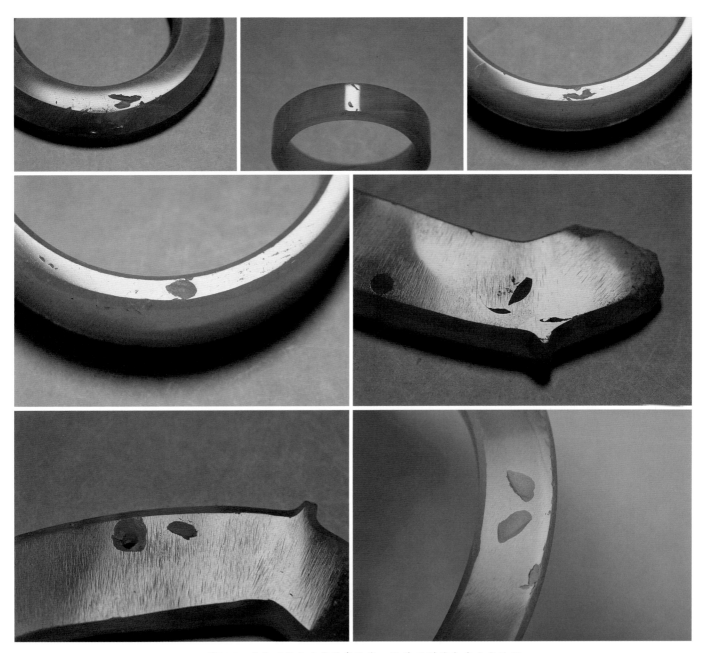

图236 这些不具备完整贝壳状崩口且看不到撞击受力点的凹
坑都是残留的敲击加工粗坯痕迹

图237 虽然在这处磕碰痕迹能看到一个完整的贝壳状崩口,但是我们可以清楚地看到它的贝壳状崩口的外缘受到了打磨和抛光的影响,也就是说这个崩口形成在打磨、抛光步骤之前,所以可以判断这个崩口也是敲击粗坯时残留的痕迹,非后期佩戴磕碰造成

第四节　东周玛瑙佩饰上的"飞皮"痕迹

　　"飞皮"这个名字是一种坊间俗称，这种痕迹既不是残留的敲击痕迹，也不是由后期佩戴产生的磕碰，因为找不到磕碰的受力点。这种痕迹多出现在层理结构的玛瑙上，呈不规则月牙形，多出现在玛瑙佩饰的平面上，比如玛瑙珩、玛瑙环和玛瑙觿两侧的两个平面上。形成这种痕迹的原因是，层理结构的玛瑙在制作成器过程中没有完全沿着层理结构的走向去取料，这就导致层理结构在靠近佩饰平面的位置越来越薄，在打磨和抛光过程中，施加的按压力把靠近佩饰表面的最薄弱的那部分层理结构压断脱落，所以才形成这种不规则的月牙状结构。除此之外，这种痕迹还有一个特点，其边缘都经过抛光处理，边缘一般相对圆滑且脱落位置的表面也有一定程度的抛光，这个特点也证实了这种痕迹是在抛光过程中，或抛光程序之前形成的。（图238）出现"飞皮"痕迹的玛瑙是看不到葡萄状集合体的结构的，因为这种现象只出现在层理结构的玛瑙上。

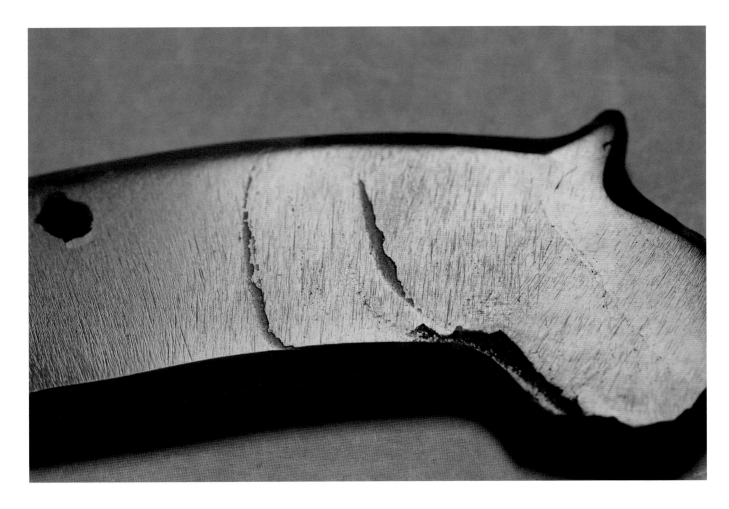

图238　东周时期玛瑙佩饰上的各种"飞皮"，边缘位置和脱落位置也有一定程度的抛光

第五节　东周玛瑙佩饰上的水晶洞

　　水晶洞是普遍存在于玛瑙矿中的一种矿物结构，洞里面布满一粒粒的水晶晶体，其成分与玛瑙一样，都是由二氧化硅组成，只是分子排列结构不一样，经常与玛瑙共生，包括我们现今常见的巴西紫晶洞，很多就是生成在玛瑙里面，其最外层或厚或薄地包裹着一层玛瑙矿。古代人在制作玛瑙环的时候往往把水晶洞当作中心的敲击孔，因为水晶相对于玛瑙来说，其质地虽硬，但是脆，易于敲击破碎。但是有一些小面积的晶洞混在玛瑙当中难以避开，古人就在不影响大效果的情况下包容了它们的存在。（图239）

　　玛瑙中的晶洞有两种状态：开放式晶洞和封闭式晶洞。这两种结构的特点是：开放状态的晶洞里面能看到一颗颗的水晶晶体颗粒簇拥在一起；密闭状态的晶洞在灯光下能看到白色砂糖状颗粒结构。在封闭式晶洞结构的抛光面上，我们能一目了然地观察到晶洞区域的表面光泽相对粗糙，有肉眼可见的坑坑洼洼存在。

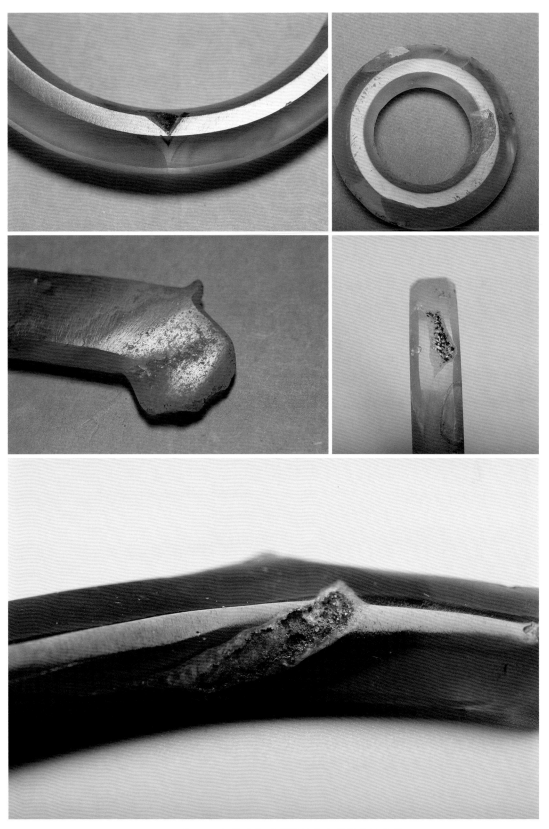

图239　东周时期玛瑙佩饰中各种状态的水晶洞

第六节　东周玛瑙佩饰上的原皮

　　古代人开采的玛瑙矿石主要有两个来源，一个是冲积矿，也就是被流水冲积到河床里的河道料。另外一个就是原生矿，其在生成的矿床中未经流水搬运和风化。这两种料子在玛瑙佩饰上的痕迹容易区分，河道料因为被流水冲击在河道中与其他卵石一起互相摩擦碰撞，所以在表面会形成很多磕碰痕迹，坊间称之为"风化纹"，因为其形状类似马蹄，所以也称"马蹄纹"。需要注意的是，这种痕迹与风化没有什么关联，这就是一种体现在圆球体玛瑙上的磕碰，圆球体的珠饰和接近于圆球体的玛瑙卵石在佩戴过程中或者在河道中翻滚受到其他石头撞击磕碰的时候，因为其形状使之不易崩裂，因此就会留下这种类似于马蹄形状的磕碰痕迹，这点我们可以参考马达加斯加地区的玛瑙砾石和南京雨花石。我们留心观察东周时期的玛瑙佩饰，会发现有一部分玛瑙上面残留着这种马蹄纹，这种痕迹实质上就是采自河道里的玛瑙料的原皮。（图240）

　　原生矿的特点是保留了它形成时的原始皮壳，比如在多孔结构的玄武岩空腔里成矿时形成的蜂窝状印痕。（图241）这种玛瑙佩饰上残留的坑坑洼洼的皮壳就是玛瑙原生矿的表皮，并非所谓的"土咬"痕迹。玛瑙因为其硬度高，结构致密性好，耐酸、耐腐蚀，稳定性相当好，人类文明史内的几千年时间不足以对其表面形成腐蚀、"土咬"这种痕迹。

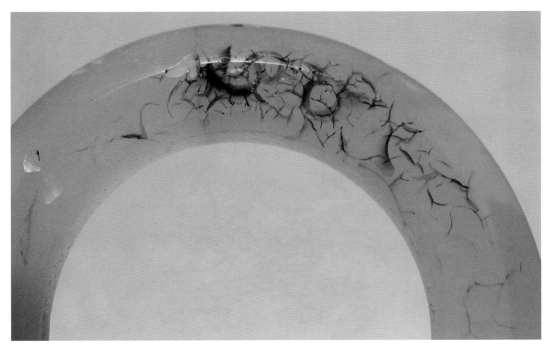

图240　玛瑙环上残存的河道料（冲积矿）原皮

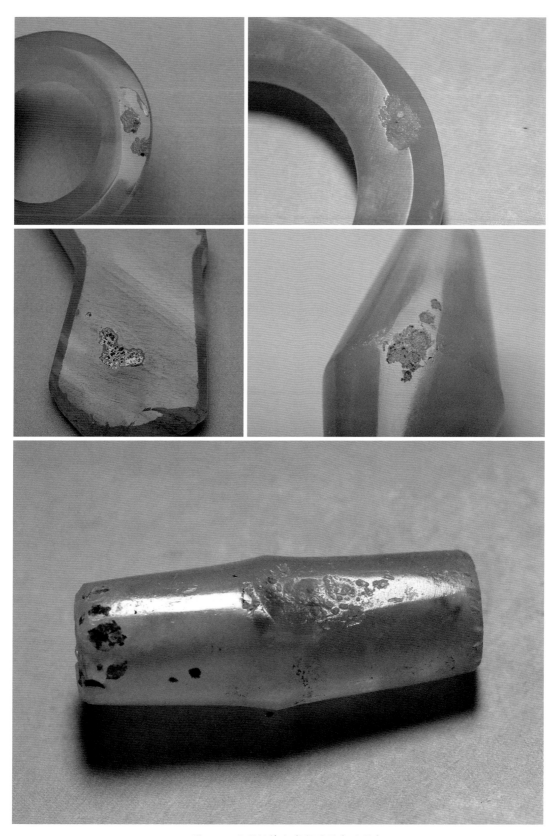

图241　玛瑙佩饰上残留的原生矿原皮

第七节　东周玛瑙佩饰上的随形

　　每一件艺术品开始制作的初衷都是奔着完美的方向出发的，但是最终结果很难做到十全十美，玛瑙上的随形，实际上是对加工过程中产生的误差和不完美的一种补救手法。这种痕迹在玉器上较为普遍，在玛瑙器上也有，但是相对较少。

　　有一些玛瑙佩饰在制作之初其料子上就存在着一些小缺陷，古代匠人在制作过程中会用一些巧妙的手法加以掩饰，让大缺陷变小，让小瑕疵消失，使其趋于完美，这种手法一般都是采用局部打磨压低的方法。我们从图242可以看到，这些有缺陷的区域都被特意地打磨变凹，这样的做法能使一些不可避免的瑕疵变小，使其在视觉上不是那么刺眼，在触觉上不再那么棘手，这种处理痕迹的方法在坊间被叫作"随形就料"。

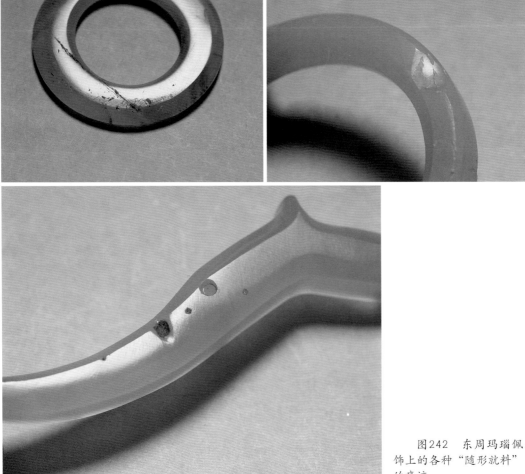

图242　东周玛瑙佩饰上的各种"随形就料"的痕迹

第八节　东周玛瑙佩饰的缠丝结构

　　玛瑙矿石在形成过程中会因为热液中的二氧化硅胶质里夹带了不同色彩的微量元素而产生很多层次的色带，比如不同价位的铁离子可以呈黄色、红色、褐色等色彩，而锰离子能导致黑色，纯度高的二氧化硅凝结成了质地精纯呈半透明状态的玛瑙结构，含有其他非金属元素的则会成为灰白色、奶白色，这些色彩一层层胶结成矿便会在玛瑙中形成一条条色带，也称之为"缠丝"。（图243）缠丝结构是玛瑙常见的形态，颜色各异，千姿百态，东周时期的玛瑙佩饰的色带多呈现直线平行状态，也有少数呈弯曲平行状态的，这种缠丝结构的玛瑙也有另外一种称呼，叫"缟玛瑙"。

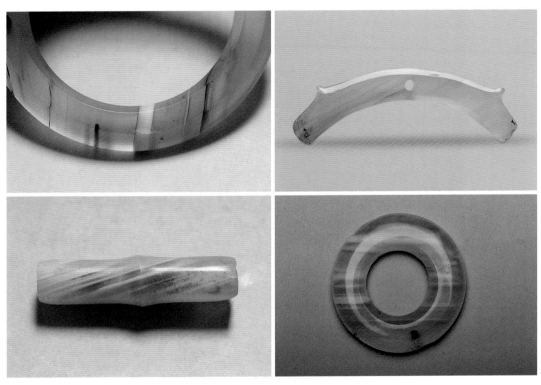

图243　东周玛瑙佩饰上的各种缠丝结构

第九节　东周玛瑙佩饰中的葡萄状集合体

　　我们习惯上称多色彩的隐晶质石英为玛瑙，而把单色的称为玉髓，实质上这两者都是一种东西，方便起见，统称为"玛瑙"，葡萄状集合体多存在于没有缠丝结构的单色玛瑙中。葡萄状集合体是玛瑙的两大结构状态之一，这种结构不像缠丝玛瑙那样一目了然，它需要透光观察才能发现，如葡萄一样的团块聚集在一起，小的如米粒大小，大的如拳头大小，有较大的尺寸跨度。东周时期制作的玛瑙佩饰最常见的是缠丝结构和葡萄状集合体这两种状态，有一些玛瑙佩饰如果既看不到缠丝结构又看不到这种葡萄状集合体，那是因为整个佩饰正好取料到了一个较大的葡萄状集合体的团块上或者一条完整的缠丝矿带上。（图244）

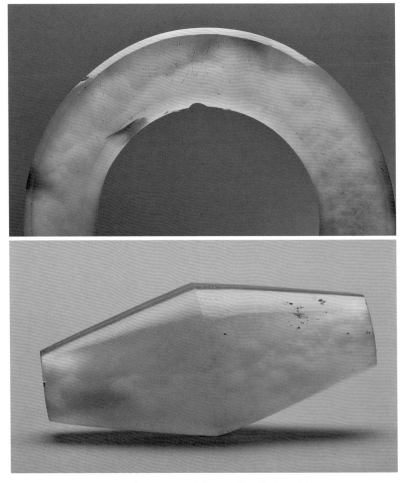

图244　东周玛瑙佩饰中的葡萄状集合体结构

第十节 东周玛瑙佩饰上的"虫洞"

玛瑙在成矿过程中，需要外界含有二氧化硅的热液侵入岩石或者土壤的空隙，在土壤空隙或者岩石的空腔中沿着外壁由外而内凝结形成。如果我们把玛瑙的"虫洞"横切出一个横截面观察，会发现围绕着"虫洞"的是一圈圈的环绕结构，这是因为玛瑙是由外而内一层层生长的，这种所谓的"虫洞"就是热液流经的通道，玛瑙矿石在形成的最后阶段，热液通道越来越细，最终堵塞形成这种管状空腔。也有一种说法认为这是在玛瑙形成前就已存在的针状矿物集合体在后期风化溶蚀后的孔洞。但是不管是哪种情况，这种结构是成矿过程中遗留下来的，并非玛瑙佩饰在埋藏过程中受外界侵蚀导致。（图245）

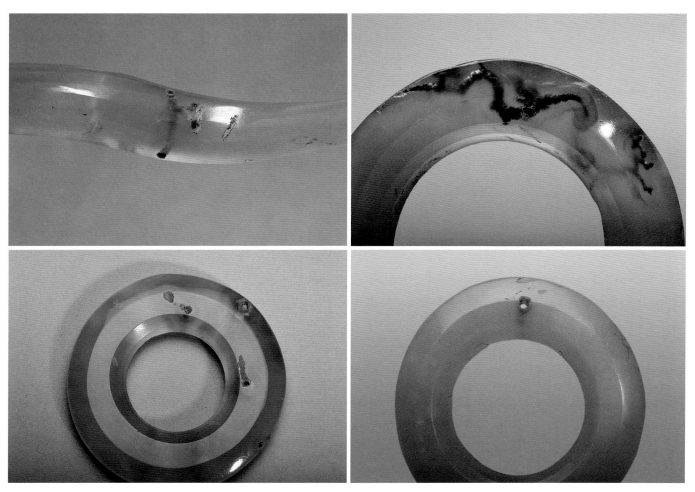

图245 东周时期玛瑙觿与玛瑙环上的各种"虫洞"结构

第十一节 东周水晶佩饰中的"绿幽灵"

　　东周时期的水晶佩饰中，包裹体品种相对较少，常见的包裹体就是一种被称为"绿幽灵"的包裹物，绿幽灵主要由绿泥石、绿帘石、辉石和黑云母等矿物组成。众所周知，水晶的成矿原理与玛瑙恰恰相反，它是在上亿年的地质年代里，由内而外、由小而大一层层覆盖包裹逐渐形成，过程非常缓慢，它在结晶过程中，如果发生小规模的地质活动导致深层岩层断裂，流经的热液会携带一些其他矿物质过来，比如绿泥石，这时候绿泥石就会在水晶晶体的表面凝结，随着水晶的持续生长，慢慢被包裹在了里面。我们现在见到的这类水晶多来源于巴西和非洲，实际上，古代在临近齐国的江苏东海县地区也有绿幽灵水晶矿石产出，直到前几年仍有出土。东周时期的水晶珠饰、水晶环中带有绿幽灵材质的情况较多，并非个例。（图246）

图246　这种绿色包裹体多以层状分布，偶有星星点点零散分布于水晶晶体内。坊间很多人以为这种是铜沁，这种理解是错误的，水晶属于单晶体，分子间结构非常紧密，外界物质难以沁入，稳定性极高，目前为止，出土水晶佩饰中不存在沁色和其他任何侵蚀的现象

第十二节 水晶中的棉和裂

　　水晶中的"棉"是指云雾状或渣状包裹体和杂质。在透明的水晶内部，有雾蒙蒙的现象，或是感觉里面像有棉絮状物质一样的包裹体，这是水晶在结晶过程中流经的热液里的二氧化硅浓度不够导致水晶结晶发育不良的一种现象。（图247）

　　水晶中的"裂"是指在透明的水晶中的暗裂纹和隐裂纹呈亮晶晶的片状，有时还会有晕彩效果。这些裂纹是水晶在生长过程中，遇到外力挤压在内部产生的一些隐形裂纹，也有的是水晶在结晶过程中的应力得不到释放而产生的开裂，还有一种可能是水晶形成后，某种人为原因使水晶产生大的裂隙或裂纹，不排除是由古代人在开采水晶或者加工过程中抑或是佩戴过程中的敲击或者挤压、磕碰导致。另外，水晶是一种硬度高但是质地脆的矿物，在遭遇骤冷骤热的环境时也会形成裂痕。（图248）

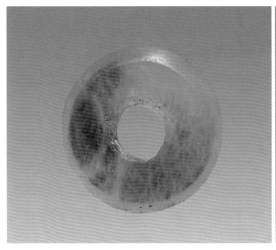

图247　水晶中的棉絮结构

图248　水晶中的裂

第十三节　玛瑙中的"水草"

　　东周时期玛瑙中的包裹体典型就是水草玛瑙，这是一种比较奇特的玛瑙，因玛瑙在成矿的过程中有其他矿物与其同时发育而形成，其与半透明的玛瑙质地相互辉映，如同水草一样，因而得名。这种状态的存在完全是在成矿过程中天然形成，并非在墓葬中因外界物质沁入导致。（图249）

图249　东周时期水草玛瑙环

第十四节　东周玛瑙佩饰上的火烧痕迹

　　古人在追悼先人或者祭祀天地的时候会举行一个燎祭仪式，把玉帛或者牺牲放在柴堆里点火焚烧，以奉献给祖先或者天地诸神。除此之外，古代意外发生的火灾等都可能会出现一部分被大火焚烧过的玛瑙。

　　在后面有关玛瑙、水晶佩饰的断代的章节里的"乐毅伐齐"一节中我们将会讲到，乐毅占领齐国都城临淄之后开始了大规模的报复式盗掘齐国墓葬的行为，将齐国贵族的墓葬盗掘之后放火焚毁，一部分经盗掘遗留下来的玛瑙被大火焚烧或者炙烤之后发生变质，形成火焚玛瑙。这种玛瑙的特点是质地变干发白，呈现鸡骨白色，多数伴随着如同哥窑瓷器一样的冰裂纹，这是玛瑙在高温下脱水干裂所致，其结构已经发生改变，质地干涩灰白，但是这种看起来失去了原有色彩的文物却见证了一段人鸣马嘶、狼烟四起的历史。（图250）

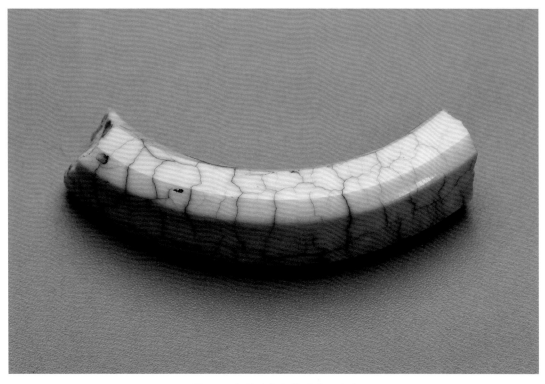

图250　东周时期火焚玛瑙环残件

第十五节　东周玛瑙佩饰上的补救痕迹

　　如图251所示，这只玛瑙珩在古代就已经断为两截，除了中间位置原有的悬挂孔之外，多出四个老钻孔，钻孔的位置分布在断裂的两侧，每侧两个，两两相对。这种钻孔痕迹实际上是古代的修复痕迹，古人在佩戴过程中不小心把这只玛瑙珩摔断了，因而在断裂的两侧钻孔，再用金丝或者其他材料穿过两侧的钻孔把断掉的玛瑙珩连接起来，重新加装到组佩上。这也侧面反映了玛瑙珩在古代有多珍重。

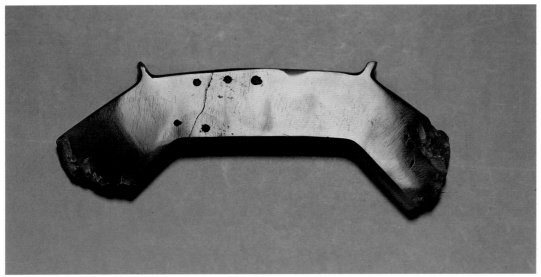

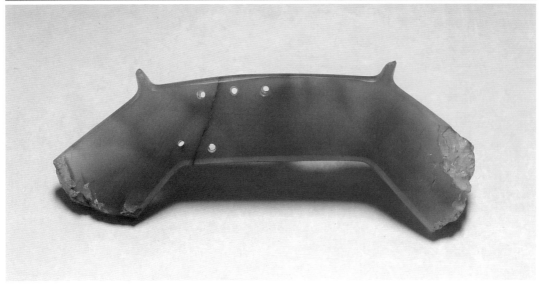

图251　玛瑙珩上的补救痕迹。最右侧孔为玛瑙珩的悬挂孔，左边四
个孔为断裂之后用来重新连接起来的补救的钻孔

第十六节　玛瑙上的打磨痕迹

如果近距离仔细看，东周时期的水晶和玛瑙佩饰的表面并非完全光滑如镜面，其表面肉眼可见有许许多多的细如牛毛的长条痕迹，坊间称之为"牛毛痕"，这种痕迹实际上是古代人用高硬度的研磨砂对其造型进行打磨修整的痕迹残留。水晶和玛瑙的抛光难度比玉器大，而且硬度高，这种痕迹在抛光过程中很难被完全去掉，古人在不影响整体效果的前提下容许了这种瑕疵的存在。（图252）

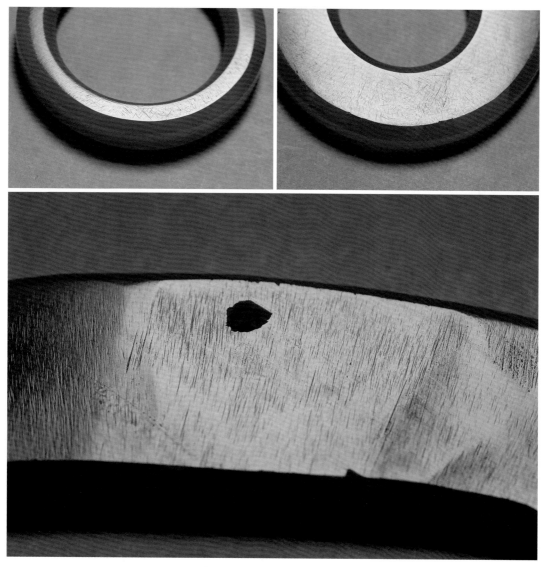

图252　东周时期玛瑙佩饰上的各种打磨痕迹

第十七节　玛瑙上的矿石内腔痕迹

　　玛瑙矿石在形成的过程中，除了会在中心形成水晶洞，还会形成一种不规则的多面结构的空腔，这种空腔的内壁在东周时期的玛瑙佩饰上也有残留，比如图253所示的这件玛瑙珩和玛瑙环。

　　这两件玛瑙佩饰的取料都来自一种空心球状的玛瑙原生矿，因为玛瑙佩饰的尺度太大，而玛瑙矿的块度不够，所以在其上面残留了这几处内腔原皮。

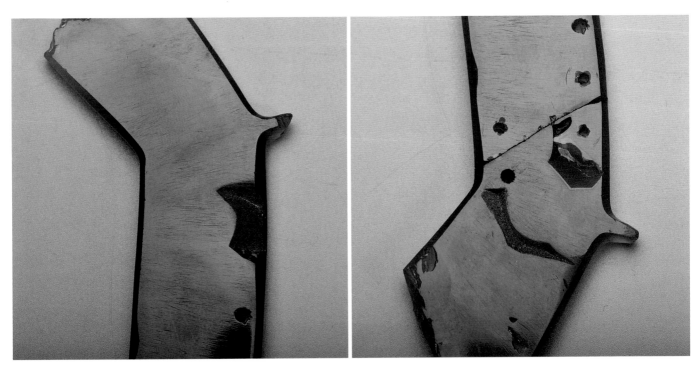

图253-1　东周时期玛瑙珩上的矿石空腔痕迹残留

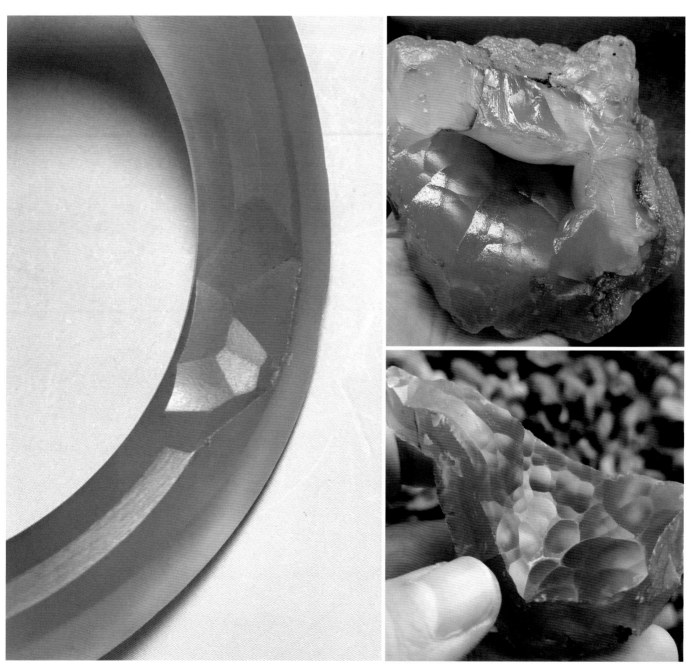

图253-2　东周时期玛瑙环上残留的玛瑙矿石空腔痕迹与玛瑙原生矿的空腔

第十二章

东周玛瑙佩饰的原色与灰皮

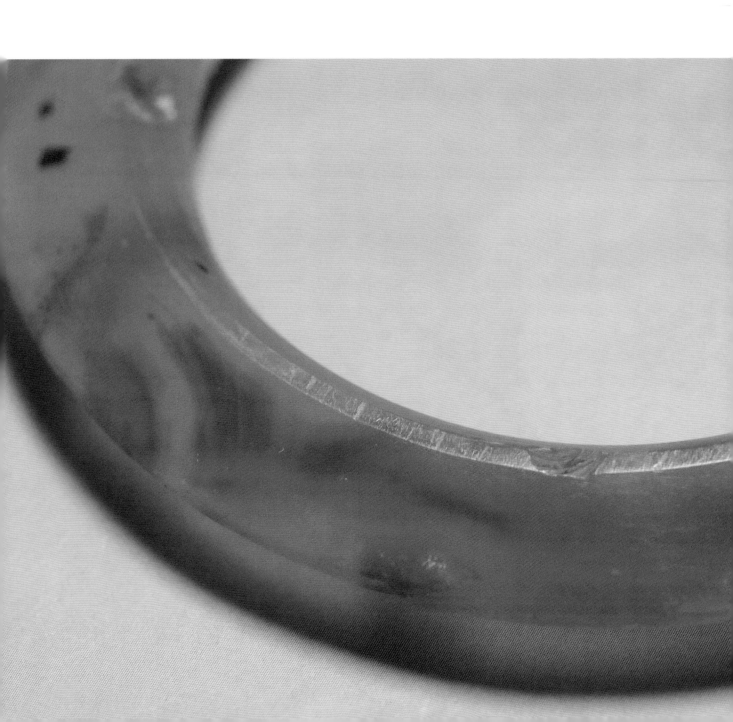

第一节　玛瑙是否存在沁色

严格来讲，"沁色"一词的定义是指一种物质在漫长的一段时间内，由于分子运动，其结构内部沁入另外一种物质的过程。在收藏界和考古界中，沁色就是指埋藏在地下的古玉、骨制品等文物被周围环境里的其他物质侵入其内部从而形成的各种色彩，比如绿色的铜沁、红色的铁沁及黑色的炭沁。当然，导致黑沁的不只有炭，还可能是锰或铁，不同化合价的铁离子可以呈现不同的颜色。由此可知，沁色必须是一种物质沁入某件物体的结构内部。那么在水晶、玛瑙中是否存在沁色这一说呢？

首先可以确定一点，到目前为止，在人类文明史阶段里尚未发现水晶存在沁色这一现象，那么玛瑙是否存在沁色？

根据东周时期玛瑙的选料和天然玛瑙料子的色彩特点，我们发现其中有极少数的玛瑙带有不同寻常的颜色，比如这两件绿色的玛瑙环（图254）。在考古界，绿色通常为铜锈沁色。我们一直高度怀疑这两件玛瑙环是铜沁所致，所以我们把检测重点放在铜离子的检测上，但现实结果中未检测到铜离子的存在，这两件高度疑似铜沁的玛瑙环排除了铜沁致色的可能性。从其包含的六种元素中看，铁元素导致玛瑙环呈绿色的可能性最大，两件玛瑙环中，三氧化二铁分别占到9%和5%，除三氧化二铁之外，应该含有微量的二价铁离子，二价亚铁离子是绿色的，这点可以参考我们平常所见的玻璃，正面看起来透明无色的玻璃从侧面看却是淡绿色，这种情况由玻璃中含有的微量亚铁离子所致。由此可知，这两件玛瑙环的致色原理并非铜离子，而是玛瑙矿石中含有的微量亚铁离子致色。

玛瑙因为其结构的特殊性，哪怕历经几千年的风化侵蚀，也难以形成沁色。而我们所见的玛瑙中的各种颜色多数为玛瑙自身带有的颜色，是玛瑙在成矿过程中自然形成的，并非沁色。

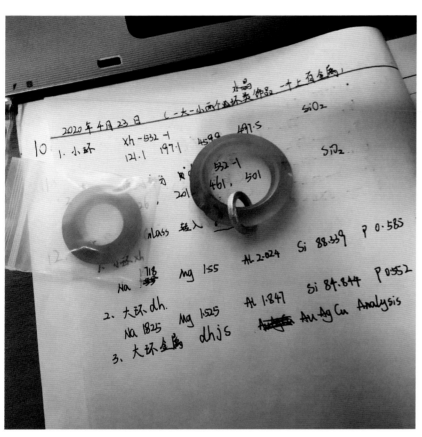

图254　两件绿色玛瑙环及其检测报告

两件环状饰品测试报告

1. 样品信息

2020年4月24日星期五，收到XXX的两件样品，两件均为环类饰品。一件呈内绿色，尺寸较小（下文称为小环），另一件搭配有金属环，尺寸较大（下文称为大环）。分别对其材质和表面微痕进行了相应分析。

图1 两件样品全貌
(a) 大环　(b) 小环

2. 测试方法

2.1 便携式能量色散型X射线荧光光谱分析技术（pXRF）

便携式能量色散型X射线荧光光谱分析仪（pXRF）型号为OURSTEX 100FA。该设备采用金属钯（Pd）作为X射线源，X射线管的激发电压最高可达40 kV，最大功率为50 W，辐照到样品表面的X射线焦斑直径约为2.5 mm。设备主要由四个单元组成：探测器单元、高压单元、控制单元和数据处理单元组成。其中，探测器单元又包括低真空探测单元和大气探测单元。本次设备采用低真空探测器单元。数据处理单元主要包括控制软件及定性、定量分析软件。

2.2 激光拉曼光谱分析仪（Raman）

采用LabRAM XploRA型激光共焦拉曼光谱仪，由法国Horiba公司生产。仪器采用高稳定性研究级显微镜，配有反射及透射柯勒照明，物镜包括10×、100×和LWD 50×。采用532 nm高稳定固体激光器（25 mW）以及相应的滤光片组件，及计算机控制多级激光功率衰减片。同时采用了针孔共焦技术，与100×物镜配合，空间分辨率横向优于1 μm，纵向优于2 μm。光谱仪拉曼频移范围为70～8000 cm⁻¹（532 nm），光谱分辨率≤2cm⁻¹，内置四块光栅（2400 gr/mm、1800 gr/mm、1200 gr/mm、600 gr/mm）。光谱重复性≤±0.2 cm⁻¹。

2.3 超景深光学显微镜（OM）

采用基恩士光学VHX-5000型，由日本基恩士公司研制。本系统配备有两种型号的光学显微镜头，型号分别为 VH-Z20 （ ×20～200 ）、 VH-Z100R（×100～1000），可实现20×至1000×的显微观测。同时，本系统还具有自动对焦、全幅对焦、深度合成、多角度观测、超高分辨率和高清晰度显示、三维合成、实时观测以及三维测量等先进功能。

3. 结果与讨论

3.1 材料属性分析结果

两件样品的两件样品的化学成分分析结果如表1，其组分以SiO₂（93.56%～93.71%）为主，为石英质矿物。其拉曼谱线如图2，较强峰均位于124、202、460、500cm⁻¹附近，和石英（SiO₂）基本一致。其中最强峰460cm⁻¹归属于O₄ᵦ-Si-O₄ₐ的弯曲振动，也是该矿物的特征强振动峰，202cm⁻¹归属于[SiO₄]硅氧四面体的旋转振动，501cm⁻¹有一个弱峰，为隐石英质矿物（如玛瑙、玉髓等）的特征峰，结合外观判断为玉髓。

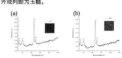

图2 两件样品的拉曼图谱及测试部位
(a) 小环样品　(b) 大环样品

表1 两件样品的化学成分分析结果（Wt%）

样品名称	Na₂O	MgO	Al₂O₃	SiO₂	P₂O₅	Fe₂O₃
大环	2.02	1.49	2.04	93.98	0.61	0.09
小环	1.82	1.64	2.14	93.71	0.63	0.05

3.2 显微微痕结果

裸眼观察两件样品没有纹饰，表面光洁，主要遗留的显微痕迹是打磨痕迹。大环和小环的内壁均为多棱面，每个棱面上都缠绕的螺旋纹（如图3a、图4b），纹路的宽度较细，推测为采用颗粒度较细的磨料打磨抛光而成。在表面也有磨痕（如图3b），但没有内壁明显，可能是经过良好的抛光所致。在小环表面还方向不同的短线段磨痕，可能是使用痕迹（如图4a）。

图3 大环表面显微图片
(a) 内壁　(b) 表面

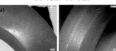

图4 小环表面显微图片
(a) 内壁　(b) 表面

4. 小结

利用拉曼光谱技术和荧光光谱技术综合判断两件环状饰品材质为石英质矿物，结合样品特征判断其为玉髓，利用显微光学技术观察了样品表面及内壁的微痕，判断两件样品均受到了良好的打磨抛光。

测试单位：中国科学院上海光学精密机械研究所科技考古中心

第二节　玛瑙的原色

　　玛瑙的天然色彩种类很多，但是主要为铁离子致色，不同化合价的铁离子可以导致玛瑙的颜色呈现黑、褐、黄、红等多种颜色，我们平时所见的玛瑙的各种色彩多数是由铁离子所致。（图255—图266）

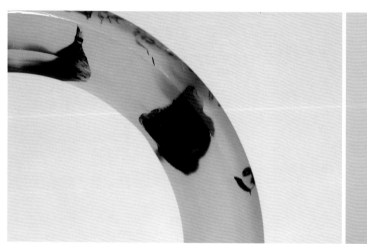
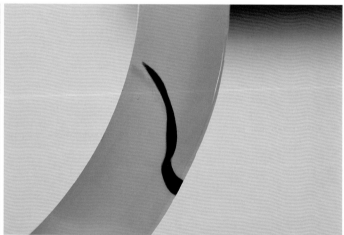

图255　玛瑙的黑色原色，黑色大多数由锰和铁离子致色

图256　玛瑙的褐色原色，褐色主要由铁离子致色

图257　玛瑙中的朱砂点，朱砂点并非朱砂，它也是由铁离子导致的颜色

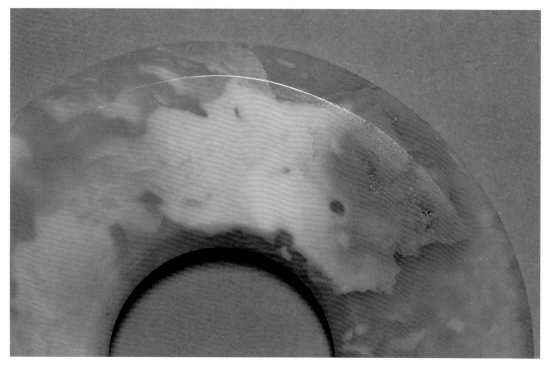

图258　玛瑙的白色原色。这种白色质地的玛瑙是二氧化硅纯度不高的特征，由
玛瑙矿石里面含有其他非金属矿物所致，需要与玛瑙上的灰皮区分开，灰皮多数附
着于表面，这种天然的白色则有一定的深度，很多随着纹理绵延到深处

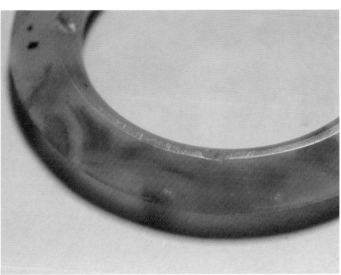

图259　玛瑙的黄色原色，黄色也是由铁离子致色

图260　有一种说法为红缟的致色原理是因为其中包含了朱砂，这种说法是不正确的。经过仪器检测，红缟玛瑙主要是由铁离子致色，详细内容请参考第六章第二节

图261　用高温处理改变玛瑙颜色的历史非常悠久，在东南亚和印度河谷文明地区，用火烧的办法将
玛瑙变成红色的历史可以追溯到几千年前。将玛瑙装在陶罐中加热到800℃左右便可改变玛瑙的颜色，但
是并不是所有的玛瑙都能变成红色，这除了取决于玛瑙原料本身所包含的微量元素，还需要很多技巧。
照片中的这枚玛瑙环上的黑色与天然色彩存在差异，导致这种颜色的原因有可能是其被火烧过

图262　绿鸡肝玛瑙

图263　红鸡肝玛瑙

　　严格意义上讲，鸡肝玛瑙这种材料并不属于玛瑙，只是坊间对其约定俗成的一个称呼。这种材料
实际上是泥石的一种，属于沉积岩，绿色的称为"绿泥石"，或者"戈壁绿"碧玉，红色的叫"红碧
玉"，都是一样的成矿原理，导致颜色不同的原因是其内部包含不同的微量元素

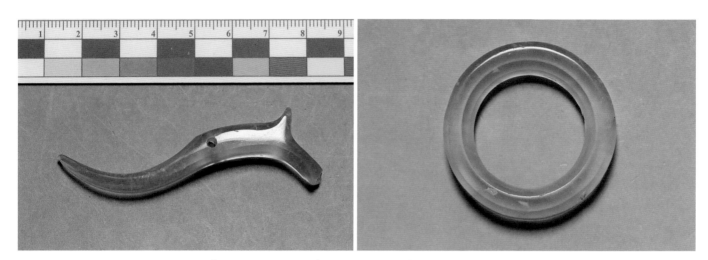

图264　高透明度的玛瑙，为高纯度的隐晶质二氧化硅凝胶，不含杂质或杂质很少

图265　这种绿色为玛瑙矿石自带包裹物，是在成矿过程中形成，并非沁色

图266　玛瑙的红色原色，这种浅红色同样是由铁离子致色

第三节　玛瑙的灰皮以及灰皮成因

　　灰皮是玛瑙佩饰入土之后在地下发生的表皮变白的一种奇特现象，这种变化有深有浅，浅的如同薄雾，厚的深度可达一毫米左右。（图267）因质地变得疏松，抗机械强度下降，呈奶白色，所以也有人称之为"奶皮"。这种现象只出现在玛瑙上，在水晶上从未发现过。有的灰皮随着玛瑙的结构呈丝丝缕缕的缠丝灰皮或者星星点点的灰皮，这与玛瑙的缠丝结构中每层纹理结构中的二氧化硅结晶程度离不开关系，也就是说，缠丝部分二氧化硅结晶程度越低越容易优先形成灰皮。严格意义上讲，灰皮属于一种侵蚀现象。（图268、图269）

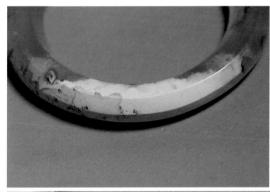

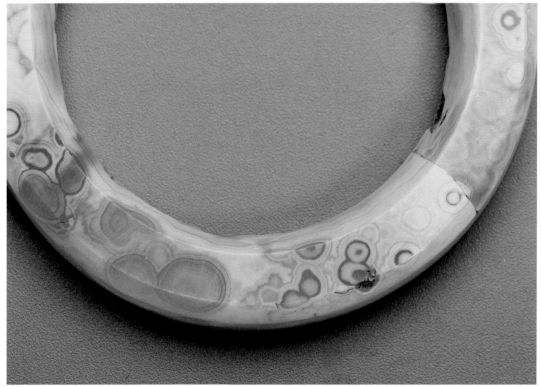

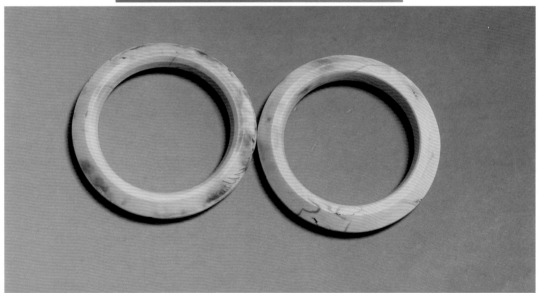

图267　东周时期玛瑙佩饰上各种状态的灰皮

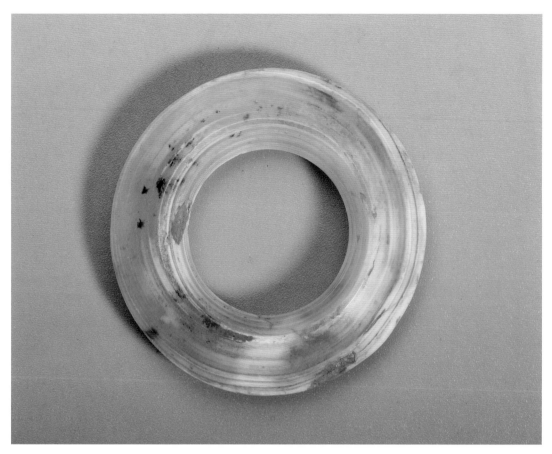

图268 这种同心圆状的缠丝灰皮的形成与玛瑙矿石的成矿过程有关。我们在有关玛瑙的成矿原理的章节里面讲过,玛瑙是由外而内一层层结晶成矿,形成这块矿石的空腔恰好是一个标准的圆形空洞,成矿过程中向内壁一层层包裹覆盖时,不同时间段的热液中携带了不同浓度的其他矿物质,所以不同的层位其二氧化硅结晶度高低不一,当玛瑙环整体处于碱性环境中时,二氧化硅结晶程度低的区域优先生成灰皮,于是就形成了这种同心圆结构的灰皮纹理

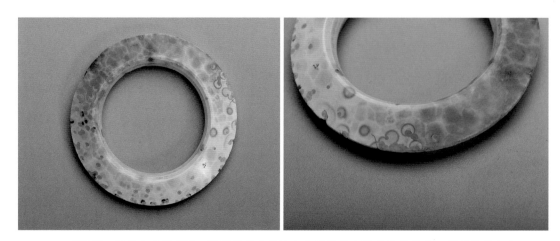

图269 星点灰皮玛瑙环。这种星星点点的灰皮同样是由玛瑙结构导致,形成这种灰皮的玛瑙不具备缠丝结构,透光看会发现这种玛瑙的结构是葡萄状集合体结构,每个区域的二氧化硅结晶度高低不一致,导致其受侵蚀产生的灰皮深浅不一,最终形成了这种灰皮状态

前面我们讲过，玛瑙的结构极为致密，性质非常稳定，在自然界中很难像玉器那样受沁形成沁色，但是并不表示它不受侵蚀，灰皮就是一种少见的玛瑙受侵蚀的现象。玛瑙主要成分是二氧化硅，属于酸性氧化物，不与一般的酸发生反应，盐酸、硫酸以及自然界中对石灰岩喀斯特地貌形成侵蚀的各类物质难以对玛瑙产生作用，但是它容易与碱性物质发生化学反应。根据全国各地出土的玛瑙佩饰出现灰皮的比率来看，灰皮多数出自黄河流域中上游地区，如山西、陕北、内蒙古等黄河沿岸的盐碱地地区，河北地区也有发现。但是在酸性土壤的南方地区很少有发现。这种现象可以理解为玛瑙与盐碱地墓葬环境中的碱性物质发生了化学反应，生成了硅酸盐和水，从而导致了这种侵蚀现象。因为结构改变，所以造成光学性能发生改变，如同把完整透明的玻璃砸碎后看上去变白了一样。

但是盐碱地并非灰皮形成的唯一地域条件，非盐碱地地区也有灰皮现象出现，很多东周时期的玛瑙佩饰上伴随着灰皮形成的部位往往黏附有铁锈。铁生锈过程为：$Fe \rightarrow Fe(OH)_2 \rightarrow Fe(OH)_3 \rightarrow Fe_2O_3 \cdot xH_2O$，步骤如下：

1. $2Fe+O_2+2H_2O=2Fe(OH)_2$

2. $4Fe(OH)_2+O_2+2H_2O=4Fe(OH)_3$

3. $2Fe(OH)_3=Fe_2O_3+3H_2O$

4. $Fe_2O_3+xH_2O=Fe_2O_3 \cdot xH_2O$

铁在生锈过程中是碱性的。根据上面的化学反应公式，我们可以得出一个结论：铁生锈的过程在灰皮的形成过程中扮演了一个碱性物质的角色，所以，玛瑙附着有铁锈的部位形成灰皮还是离不开玛瑙与碱性物质发生化学反应的范畴。（图270）

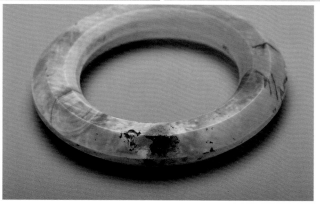

图270　玛瑙环上出现在铁锈附近的灰皮

第四节　玛瑙灰皮形成的时间

　　有很多人认为，玛瑙灰皮的形成非常缓慢，至少需要上千年时间，其实这个观点是错误的，只要环境条件适宜，玛瑙灰皮百年左右时间甚至几十年时间便可以形成。典型例子就是众多带灰皮的玛瑙烟嘴。烟草在中国的历史相对短暂，烟草原产地在美洲，随着哥伦布发现新大陆由西班牙人和葡萄牙人带回欧洲，并陆续传到其他地区，在明代万历年间由菲律宾人传入中国，而抽烟用的玛瑙烟嘴出现的年代更晚，流行于晚清至民国时期，距今一两百年。在内蒙古、北京和辽宁地区一些碱性重的墓葬出土的晚清民国时期的玛瑙烟嘴上，经常能见到灰皮现象，灰皮深浅不一，有的烟嘴上的灰皮较厚重。从一两百年到两三千年间，都有灰皮形成，时间跨度很大，所以灰皮的形成与历史年代的长短无关，而与碱性的埋藏环境有关，灰皮的轻重也与年代没有太大关系，而与碱性物质的含量有很大关系，依靠灰皮来判断玛瑙的年代是不严谨的。（图271）

图271　清代玛瑙烟嘴上深浅不一的灰皮

第十三章

东周水晶、玛瑙佩饰的原料取材问题

第一节　玛瑙料的冲积矿采用

自然界中的玛瑙矿分两种，一种是原生矿。

另外一种叫冲积矿，其矿床因为地壳变动、山体滑坡等地质变迁，在泥石流或者洪水中被冲离原来位置，多为玛瑙砾石，类似于和田玉籽料。这种矿石多分布于河床，呈卵石形或者近似卵石的圆形，其表面存在大量的在水流冲运过程中与其他石块磕碰撞击的痕迹。（图272）

东周时期的玛瑙佩饰上残留的原始皮壳能帮助我们了解到它们的原材料来源问题。

根据玛瑙佩饰上残留的痕迹，我们能看出东周时期有部分玛瑙佩饰采用了冲积矿。

图272　玛瑙冲积矿，马达加斯加地区产的玛瑙卵石

（图273）在古代玛瑙质地的珠子上，我们有时候能看到一种叫作"风化纹"的痕迹，也叫"马蹄纹"。这种痕迹实际上是磕碰痕迹，在佩戴过程中磕碰形成的马蹄纹很小，但是有种在玛瑙环、竹节管上残留的较大的磕碰痕迹则不是佩戴过程中形成的，而是更古老的磕碰痕迹，是玛瑙矿在河道中被流水冲击滚动形成的磕碰痕迹，尤其图273右边的这件玛瑙竹节管饰上残留的磕碰痕迹比较大。参照它的磕碰痕迹与竹节管饰的尺寸比例看，这件竹节管饰承受不了这种力度的猛烈撞击磕碰，要承受这种大力度的撞击而不断裂必须要有一个更加厚重结实的载体，而这只有在原石状态下才能做到。从这些磕碰痕迹看，我们可以得出结论，图273中的三件玛瑙制品的取料来自玛瑙冲积矿料。（图274）

我们再通过图275中的玛瑙竹节管上残留的原石皮壳与玛瑙矿石表面的皮壳的对比来看，这件玛瑙竹节管取材于半风化状态的玛瑙冲积矿区，虽然已经失去了原矿的棱角，但是上面残存有部分原生矿皮壳。

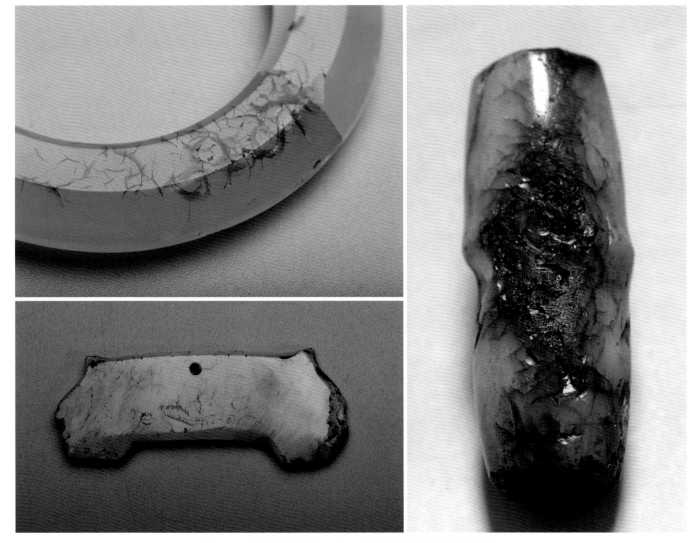

图273　东周时期玛瑙环、珩、竹节管上的玛瑙冲积矿原皮

图274 玛瑙砾石。马达加斯加玛瑙砾石实际上就是在非洲马达加斯加地区古老河道或者海滩中的玛瑙卵石，属冲积矿。大小不一，大的有篮球大小，小的如鸽子蛋般，表面圆润光滑，满布因水冲磕碰形成的马蹄纹。这种马蹄纹是在海浪或者河流冲刷滚动中留下的磕碰痕迹，这为我们提供了很好的参考

图275 玛瑙竹节管残留的原生矿皮壳以及半风化状态的冲积矿玛瑙矿石表面的皮壳

第二节 玛瑙料的原生矿采用

　　东周时期玛瑙矿料的另外一种来源就是原生矿。（图276）玛瑙的成矿与热液活动有关，但不一定全都是在火山岩中成矿，在具备玛瑙成矿条件的前提下，热液侵入到任何岩石的裂隙中，其都会形成玛瑙矿。在火山地质环境中形成的玛瑙矿有一种比较奇特的现象：玄武岩是火山岩浆迅速冷却形成的一种岩石，它的特点是密布各种大小不一的蜂窝状气孔。如图277，下方左图是采自日本富士山的玄武岩，在这种玄武岩的空腔裂隙中形成的玛瑙矿会在玛瑙矿的表面留下与玄武岩蜂窝状结构相对应的负模，其表面也是具有密密麻麻的小孔或者凸起。我们根据东周时期玛瑙佩饰上面残留的痕迹可以得知，东周时期有不少数量的玛瑙制品采用了原生矿制作。如图278、图279所示，这些东周时期的玛瑙制品上残存的痕迹表明了其矿石取材来自原生矿。

图276　玛瑙原生矿

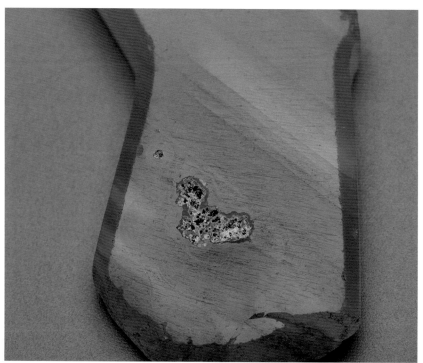

图277　东周玛瑙珩上残存的玛瑙原生矿皮壳与玄武岩和玛瑙矿石的对比

图278　玛瑙原生矿皮壳与东周玛瑙珠饰上残留的玛瑙原生矿皮壳

图279　玛瑙原生矿皮壳与东周玛瑙环上残留的玛瑙原生矿皮壳

第三节　齐国玛瑙矿的产地

　　在山东境内潍坊地区的潍河、汶河、渠河、白浪河等河流均发现有玛瑙存在。关于齐国地区的玛瑙矿石来源于哪里，坊间有一种说法是就地取自昌乐、安丘等地区。山东境内的昌乐地区在古代属于火山活动比较活跃的地区，至今境内尚有很多休眠的火山锥，这种地质环境很有利于玛瑙矿的形成，离此不远的安丘境内也有玛瑙矿，为露天的地表矿，其质地与临淄地区出的东周玛瑙佩饰选料非常近似。

　　宋朝杜绾所著《云林石谱》"密石"中记载："密州安丘县，玛瑙石产土中或水际。一种色嫩青，一种莹白。纹如刷丝，盘绕石面，或成诸物像。外多粗石结络，击而取之，方见其质。土人磨治为研头之类以求售，价颇廉，亦不甚珍，至有村人以此石垒为墙垣，有大如斗许者。顷因宫中搜求，其价遂数十倍。"

　　密州，今山东潍坊市诸城，安丘在古代归密州所辖，所以产自此地的玛瑙被称为"密石"。"密石"又称"印台玛瑙"，"印台"实际上是一个曾经有过的古文化遗址，在安丘市中心地段。据《安丘县志》记载，历史上有人曾把这种美石作为贡品献给王室，因此受到了青睐，并曾经名噪一时。但在清代乾隆年间，这里曾发生过一次强烈地震，使这里的地形地貌发生很大变化。由于二百多年前的这次大地震，这里几乎成为一片废墟，印台玛瑙也随之销声匿迹。

　　20世纪40年代初，有传日本占领了整个山东半岛后，这一资源被日本人发现。他们以低廉的价格大量收购并运回本土。当时他们以一盒"洋火"换一块石头的交易鼓动老百姓去挖掘收购。而作者2001年在山东诸城境内的库沟龙骨涧考察的时候，在古河道沉积中也发现有因流水冲刷堆积的小块玛瑙砾石，其质地颜色与齐国的玛瑙佩饰选料非常类似。这些矿产地都有可能是齐国王室制作玛瑙佩饰的来源地。齐国的玛瑙佩饰其矿石来源于哪处，史书上没有明确记载，这个有待于做更为精细的化学成分比对分析，但是可以肯定的是，其取料肯定是离国都临淄不会太远的某一处矿藏。（图280、图281）

图280　山东潍坊地区产的玛瑙矿石

图281　安丘印台玛瑙
和当地人挖取玛瑙矿场景

第四节　齐国水晶佩饰的矿石来源

偶见的零星分布的以玉石材质制作的佩饰在中国古代各个历史时期都有，尤其是春秋和东汉时期，在资源匮乏而且交通受阻的情况下，古人以美石作为玉的替代品制作各种珠饰的现象在全国各地普遍存在，很有可能古人在生产劳动过程中意外发现一块材质稀有、质地细腻的"美石"，便将其制作成了美观漂亮的珠饰。而以水晶为原材料制作的珠饰在齐国出土的东周时期的佩饰中占了很大的比例，这意味着齐国的水晶不是偶然发现的零星碎料，而是有着稳定的而且成规模的矿石来源。

清初，海州知州刘兆龙在《康熙海州志》中记载："牛山，去（海）州西七十里，产水晶石。"

海州知州刘兆龙在这里提到的"牛山"是位于苏北的连云港东海县的一座海拔几十米的小山。东海县是目前我国最大的水晶矿所在地，牛山则是东海县水晶矿的主要出产地之一，此地区有着大规模的水晶矿储。目前东海探明储藏量达30万吨，其产量占了目前中国水晶产量的一半以上，而此地的水晶开采历史也非常悠久。

1978年，在对海州小焦山进行的挖掘中，在西汉戴胜墓出土了两只水晶小饰品和一个水晶佛造像，其风格与孔望山汉代摩崖佛像极为相似，现存连云港市博物馆。东海境内的曲阳乡和近邻的新沂花厅史前遗址出土了18颗鼓形水晶珠饰。

从地理位置来看，这处水晶矿所在位置位于鲁国和莒国两国南部接界，春秋时期属于郯国，距离临淄直线距离约300公里。这是大型水晶矿中离齐国临淄最近的一处，也是全国数一数二的大型水晶矿产地，有地表料矿头出露。笔者认识的在青岛地区工作的当地人讲，在20世纪八九十年代，东海地区的水晶产业尚未开发利用起来的时候，地表有不少裸露着的水晶原矿，有农民把土地里妨碍种植庄稼的水晶矿石用来堆积垒砌田垄，可见此地水晶矿藏之丰富。而齐国范围内出土的水晶品种，如白水晶、紫水晶、茶水晶、绿幽灵水晶等，在东海县境内的水晶矿中皆有分布，推测东周时期齐国的水晶很有可能采自东海县地区。（图282）

图282　时至今日，江苏东海县依旧为中国最大的水晶矿产地，并已形成经济支柱产业

第五节　东周早期玛瑙选料的特点

在玛瑙环的造型中有一类叫作六线环的扁平玛瑙环，这种造型的玛瑙环是已知年代最早的，出现于春秋时期。这类玛瑙环的选料比较有特色，多数为质地均匀的白色玛瑙料，远观与和田玉极为接近，不近观细看难以区分，汉代许慎《说文解字》载："玉，石之美者。"古人的言简意赅让今人产生了不少误解，很多东西古人记载得很明确，但是后人在解读上出现了问题。原文中把"玉"排在前面，其意思很明了，翻译过来就是：玉是一种漂亮的石头。并没有说所有漂亮的石头都称为"玉"。所以狭义上的"玉"就是单指和田玉，因为除开和田玉，自然界中很难再找到这种同时具有温润、细腻、坚硬特征的石头了。自古至今，凡是与玉相关的词语和字总是代表着美好的寓意，和田玉为美石之王，这是一个无法撼动的事实，也许基于此，早期的玛瑙环被古人特意采用这种与和田玉色泽、质地上都极为接近的玛瑙来制作。关于古人是否特意选择这种玛瑙料作为和田玉的替代品，因为先秦史料的缺失，所以难以下定论，也许这是一种巧合，即早期就地取材开采的玛瑙矿恰巧就是这种白玛瑙矿石，这也是一个有待深入研究的话题。（图283）

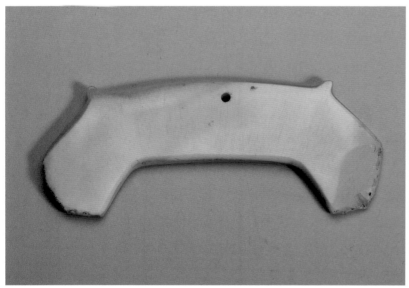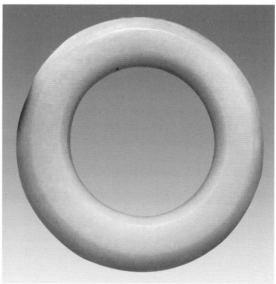

图283　质地均匀似玉的白色玛瑙珩、玛瑙环

第十四章

东周水晶、玛瑙佩饰的断代

第一节　春秋墓葬出土的实物依据

　　划定一个墓葬的时代以墓葬中年份最晚的那一件文物为准。习惯上讲，考古学家会把墓葬中的陶器作为断代标准，因为在所有陪葬器物中，陶器因为其易碎而且价格低廉的特点，很少有被作为财富继承而长时间传承下去继续使用的情况，古人"事死如事生"的理念实际意思是按像对待活着的人一样的标准去安排随葬死者的陪葬品，而不是把死者生前的一切财产都带走随葬，这样的话，一个国君的去世可能会导致一个国家的国库亏空而亡国，一个长辈的去世会导致一个家族的衰落。[①]现实考古中发现有很多墓葬主人的一些后人不舍得把属于死者的贵重物品陪葬，从而留出来自己享用的情况，[②]而陶器这种价格低廉易得的物品就不会出现这种情况，这是以陶器作为墓葬断代依据的原因。

　　因为一些代表财富的贵重物品会被后代人保存下来，从而导致春秋墓葬会出现商周时期的文物，战国墓葬也会出现春秋时期甚至商代、西周时期的文物，所以对于一种未知年代的文物，其断代标准则是以发掘出此类文物的最早墓葬的年代为参考基准。以水晶、玛瑙佩饰为例，同一形制的物品会出现在春秋和战国两个时代，我们便会把最早出现这一器型的墓葬的年代定为其制作年代上限。我们可以以山西太原金胜村赵卿墓作为一个参照的标尺，考古部门已确认这座墓的年代为春秋时期，出土的水晶、玛瑙制品有六线玛瑙环、平台玛瑙环、玛瑙觽、橄榄形水晶珠等器型，以此墓作为参照，玛瑙环中的六线环和平台环其年代可以定位在春秋。（图284）此前坊间一直认为是战国时期的橄榄形水晶珠，其年代也可追溯到春秋时代（图285），玛瑙觽的年代也提前到了春秋时期（图286）。2015年发掘的位于洛阳地区伊川县鸣皋镇徐阳村的陆浑国春秋墓葬出土的平台环以及与赵卿墓同款的橄榄形水晶珠饰则是对橄榄形水晶珠和平台玛瑙环年代为春秋时期的又一佐证。平台玛瑙环和橄榄形水晶珠饰的其他例子还有宜城地区孔湾镇凤凰山M4、M5两座春秋墓葬，M4墓出土有两颗紫水晶橄榄形珠，M5墓出土有一枚平台玛瑙环。[③]

　　2016年襄汾地区发现一处东周时期的晋国贵族墓群，墓群已遭盗掘破坏，考古队对其进行了抢救性挖掘，发现命名为一、二号的墓相对完整，没有遭受盗掘，其中1号墓出土有部分水晶玛瑙佩饰。我们根据与其一起出土的玉器造型的纹饰断定，这是一处东周时期

[①]　这种因厚葬导致家族衰落的例子在汉代有过，《后汉书·崔寔传》就记载崔氏家族因竭力建坟茔、修碑祠而倾其所有，导致家业败落，贫困如洗。文中称，"寔父卒，剔卖田宅，起冢茔，立碑颂。葬讫，资产竭尽，因贫困，以酤酿贩鬻为业。……（寔）建宁中病卒。家徒四壁立，无以殡敛"。

[②]　1978年在曾侯乙墓考古发掘出土的曾侯乙尊盘，盘内底的铭文有打磨修改痕迹，原来的铭文为曾侯㸬，后来改刻为"曾侯乙作持用终"。此器是曾侯乙从先君曾侯㸬那里继承来的。曾侯㸬墓已于2009年在随州文峰塔地区被考古发掘，年代为春秋晚期。除此之外，这种例子还有很多，比如战国墓葬中有很多西周、春秋、战国时期的玉器遗存，这是一种普遍存在着的财富继承的现象。

[③]　宜城市博物馆编《楚风汉韵——宜城地区出土楚汉文物陈列》，文物出版社，2011。

图284　六线环的年代最早可追溯到春秋时期

图285　橄榄形水晶珠的年代最早可追溯到春秋时期

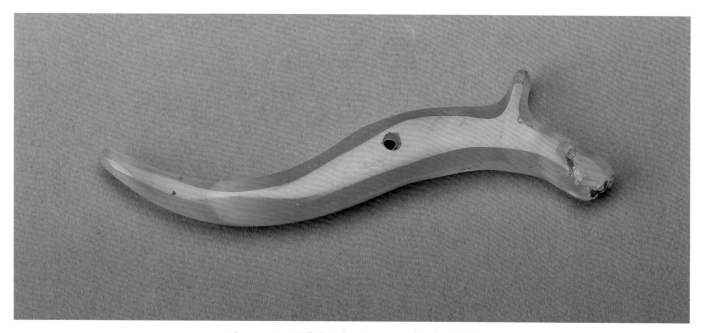

图286　玛瑙觿最早的出土记录可提前到春秋时期

春秋时代的晋国贵族墓葬群。在这座春秋时期晋国大墓出土的平台玛瑙环和橄榄形紫水晶珠也再次证明了此类造型的玛瑙环和水晶珠饰的年代最早可追溯到春秋时期。

值得注意的是，玛瑙管饰中造型修长的竹节管饰也在襄汾陶寺村北的晋国春秋贵族大墓中有发现，在这之前一直认为这是战国时期的产物，这座近年发掘的大墓把此造型的玛瑙竹节管饰最早出现的年代也提前到了春秋时期。（图287）

橄榄形水晶珠、六线环和平台环年代为春秋时期的另一个佐证是洛阳中州路1316号墓出土的组佩（图288），此物现存于位于北京市的中国国家博物馆，因为其发掘年代比较早，是由考古部门在1955年发掘的，当时考古对比参照资料有限，所以不少文献资料对其所属年代模棱两可，有的文献将此墓年代标为春秋，有的文献将此墓年代标为战国。我们从组佩中的玉器部分可以看出，组佩中的玉环和龙形佩完全是春秋风格，所以准确来讲这套组佩其年代应为春秋，穿缀其间的一颗水晶珠为橄榄形珠，两件玛瑙环一件为平台环、一件为六线环，这也是橄榄形水晶珠、六线环和平台环年代为春秋的另一个佐证。

三才环在此几座春秋墓中未见出土，并且在其他地区明确属于春秋时期的墓葬中也没有发现过三才环的影子，由此我们可以得到一个结论：橄榄形水晶珠、玛瑙觿、平台环、六线环的制作始于春秋时期。鉴于在战国墓葬中这几类器型也有出土，因此尚无法确定其是否延续到战国时期仍在制作，但是可以确定的是三才环的制作年代不是春秋时期，它是战国时期的产物。

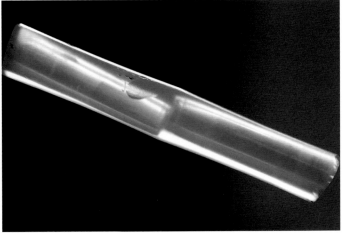

图287　细长玛瑙竹节管。这种造型修长规矩的玛瑙竹节管饰在很长一段
时间内都被认为是战国时期的造型，襄汾东周晋国大墓出土的此类型竹节管直
接把这类玛瑙竹节管出现的年代提前到了春秋时期

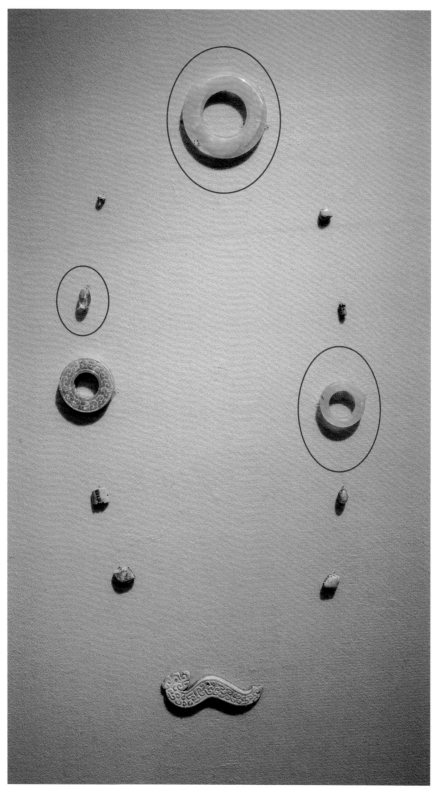

图288　洛阳中州路1316号墓出土的这套组佩可以证实橄
榄形水晶珠、平台环和六线环的出现年代最早到春秋时代

第二节　战国墓中出土的实证

在目前的考古发现中，三才环几乎毫无例外地都出自战国和战国以后的秦汉时期的墓葬中，这说明三才环的历史最早到战国，虽然秦汉墓葬中也有出土，但多为战国时期的遗留。出土有三才环的墓葬案例很多，数量不胜枚举，比如湖北宜城地区郑集镇罗家岗M3战国墓、荆州战国时期熊家冢祔葬墓，枣阳九连墩战国墓出土的水草玛瑙环也为三才环造型[④]。

红缟玛瑙环的出现时间为战国时期，近现代考古史上有出土记录的有浙江杭州半山战国墓，山东曲阜战国墓、临淄郎家庄战国墓、临淄单家庄战国墓，辽宁东大杖子战国墓M40、M47，河北平山中山王𰯼墓、邯郸钢铁总厂西区战国墓，山西长治战国墓，湖南长沙黄泥坑4号战国墓，湖北望山1号战国墓、天星观2号墓……战国时期韩桓惠王墓也出土过残碎的红缟玛瑙环。需要注意的是，这些战国墓中出土的红缟玛瑙环毫无例外都是三才环造型，抛开材质，单从造型上讲，我们可以判断三才环应为战国时期的产物。

位于河北平山县三汲乡的战国时期的中山王𰯼墓则是三才环断代的有力证据。1974年河北省文物管理处在平山县三汲乡的南七汲村发掘了中山王𰯼墓，古墓虽然曾经过严重的盗扰，但是依旧出土了大量文物，玛瑙环出土总数228件，椁室中出土191件，北盗洞中出土散落的37件，数量众多，虽然造型各式各样，包含了六线环和平台环，但是数量最多的是三才环。这是三才环为战国时期产物的一个有力佐证，墓葬中的六线环和平台环，其为春秋时期的遗留的可能性比较大。（图289）

玛瑙珩在已公布的考古发掘资料中的案例较少，洛阳地区王城广场东周墓群春秋战国之交的ZM143墓中有一件玛瑙珩出土；[⑤]战国时期中山王𰯼墓有一只玛瑙珩出土，因为墓室被古代盗墓者放火焚烧过，已被大火烧至干裂呈灰白色，类似于鸡骨白状态；[⑥]湖北荆州熊家冢战国墓地祔葬墓也出土有一只；在《临淄齐墓》一书中，战国时期的东夏庄6号墓中有出土一对。因为临淄地区公开的考古资料中缺乏春秋时期墓葬的出土记录，所以尚无法下定论玛瑙珩最早能否追溯到春秋时期，其制作初始年代也许比战国更早。

---

④　湖北省博物馆编《九连墩——长江中游的楚国贵族大墓》，文物出版社，2007。

⑤　洛阳市文物工作队：《洛阳王城广场东周墓》，文物出版社，2009。

⑥　河北省文物研究所：《战国中山国灵寿城——1975—1993年考古发掘报告》，文物出版社，2005。

图289　战国时期中山王礜墓出土的三才环

第三节　乐毅伐齐造成的考古困扰

讲"乐毅伐齐"之前有必要提一下燕国的"子之之乱"，因为这件事是"乐毅伐齐"的起因。

子之之乱是发生在战国时期的一次燕国大暴乱，燕王哙（公元前320—前318年在位）崇信禅让学说，在苏代、鹿毛寿的鼓动下（公元前318年），大集群臣，废太子姬平，而禅位于国相子之，自己反北面称臣，出居别宫。燕王哙还把俸禄在300石以上的官印收回，以便让子之重新任命各级官员，从而真正行使国王的权力。将军市被不服，乃帅本部攻打子之，奋战十多天死伤数万人。市被转攻太子姬平。子之则以平叛为由战胜并杀死市被，还下令捉拿太子姬平。姬平微服逃往无终山，庶弟公子姬职则流亡韩国。这次燕国内乱达数月之久，《史记·燕召公世家》载："因构难数月，死者数万，众人恫恐，百姓离志。"

齐宣王六年，即公元前314年，齐宣王听说燕国大乱，便在孟轲的劝说下，以"讨伐子之，匡扶正义"的旗号派齐国大将匡章，又称"陈璋"⑦，率领五都军队连同边境士卒，总计十万大军发兵攻燕。燕人恨子之入骨，士兵不战而降，百姓箪食壶浆，城门大开以迎齐师。子之的军队见齐军兵强马壮，士气高昂，大部分弃甲逃亡无心应战，所以，齐军很快攻占燕国都城。燕王哙与子之被杀，子之被擒获后押解到齐国处以醢（音hǎi，剁成肉酱）刑。齐军"毁其宗庙，迁其重器"，尽收燕国国库之宝藏，燕几乎亡国。

但是在这事件中，匡章犯了一个致命的错误，本来燕国百姓之所以夹道欢迎甚至倒戈引齐军攻燕，是因为燕国百姓痛恨子之已久，便寄希望于齐军帮其推翻子之的统治并救燕国百姓于水火之中。而事实上，匡章带领的齐国军队到后来对燕国的平民百姓进行了烧杀抢掠，屠杀他们的父兄，囚禁他们的子弟，掠夺他们的财产，破坏他们的祭坛。《水经注》有记载，齐国掳燕国之民，迁居于临淄城之外郭，齐民称之为"虏城"。后来由齐军扶持上位的燕国太子姬平在与由赵国扶持登基的公子职的权力争夺战中失利被杀，公子职反倒登位成为新的燕王，即燕昭王。这两件事综合起来为后来的齐国留下了一个巨大的隐患，这个隐患最终促成了后来让齐国几乎被灭国的"乐毅伐齐"事件。

《史记·乐毅列传》里面是这样记载的：乐毅，他的祖先叫乐羊（这个乐羊和汉代《乐羊子妻》中的乐羊子不是同一个人）。乐羊担任魏文侯的将领，他带兵攻下了中山国，魏文侯把灵寿（今河北平山东北）封给了乐羊。乐羊死后，就葬在灵寿，他的后代子孙们就在那里安了家。后来中山复国了，到赵武灵王的时候又被灭掉了，而乐家的后代出

---

⑦　古时"陈"与"田"同音相通，所以陈氏又称为"田氏"。匡章父田鲔，故而匡章又称"田章""陈璋"。

了个有名人物，即乐毅。

乐毅很贤能，喜好军事，赵国人曾举荐他出来做官。武灵王在沙丘行宫被围困饿死后，他就离开赵国到了魏国。当时燕昭王因为"子之之乱"被齐国乘机战败而怨恨齐国，每时每刻都想向齐国报仇雪恨。但是燕国是个弱小的国家，地处偏远，国力是不能克敌制胜的，于是燕昭王降抑自己的身份，礼贤下士，他先礼尊郭隗借以招揽天下贤士。正在这个时候，乐毅为魏昭王出使到燕国，燕王以宾客的礼节接待他。乐毅推辞谦让，后来终于向燕昭王敬献了礼物，并表示愿意献身做臣下，燕昭王就任命他为亚卿，他担任这个职务的时间很长。

当时，齐宣王已去世，齐湣王即位。齐国很强大，南边在重丘战败了楚国宰相唐眜，西边在观津打垮了魏国和赵国，随即又联合韩、赵、魏三国攻打秦国，还曾帮助赵国灭掉中山国，又击破了宋国，扩展了一千多里的领土。他与秦昭王互相争强逞威称帝，一位于东方，一位于西方，并称东西两帝，不久他便自行取消了"东帝"的称号，仍归称王。各诸侯国都打算背离秦国而归服齐国。可是齐湣王自尊自大很是骄横，百姓已不能忍受他的暴政。燕昭王认为攻打齐国的机会来了，就向乐毅询问有关攻打齐国的事情。乐毅回答说："齐国，它原来就是霸国，如今仍留着霸国的基业，土地广阔，人口众多，可不能轻易地单独攻打它。大王若一定要攻打它，不如联合赵国以及楚国、魏国一起攻击它。"于是燕昭王派乐毅去与赵惠文王结盟立约，另派使者去联合楚国、魏国，让赵国以攻打齐国的好处去劝说秦国。诸侯们认为齐湣王骄横暴虐，对各国也是个祸害，都争着跟燕国联合共同讨伐齐国。乐毅回来汇报了出使情况，燕昭王动员了全国的兵力，派乐毅担任上将军，赵惠文王把相国大印授给了乐毅。乐毅于是统一指挥着赵、楚、韩、魏、燕五国的军队去攻打齐国，（有说法是乐毅伐齐联合的是秦、韩、赵、魏，之前游说时是有楚国的，但战争前期楚没参战，到了后期楚国为了分一杯羹收回淮北之地参战了，所以准确地说秦、韩、赵、魏、楚都是联军，但更多资料上写的是燕国联合秦、韩、赵、魏，因为这些是始战国。）联军在济水西边大败齐国军队。这时各路诸侯的军队都停止了攻击，撤回本国，而燕国军队在乐毅指挥下单独追击败逃之敌，一直追到齐国都城临淄。齐湣王在济水西边被打败后，就逃跑到莒邑（今山东莒县），不久被楚将淖齿所杀。乐毅单独留下来带兵巡行占领的地方，齐国各城邑都据城坚守不肯投降，乐毅便集中力量攻击临淄。

《史记》中乐毅攻打临淄的原文是这样记载的："乐毅攻入临菑，尽取齐宝财物祭器输之燕。燕昭王大说（通"悦"），亲至济上劳军，行赏飨士，封乐毅于昌国，号为昌国君。于是燕昭王收齐卤获以归……"

乐毅拿下临淄后，把齐国的珍宝财物以及用于宗庙祭祀的器物全部夺取过来，并把它们运到燕国去。数量庞大，燕昭王大喜，以至于亲自赶到济水岸上慰劳运输财宝的军队，奖赏并用酒肉犒劳军队将士，把昌国封给乐毅，封号昌国君。燕昭王把在齐国夺取缴获的战利品带回了燕国……

燕国在历史上多数时间属于沉默寡闻的状态，它在历史上给人留下深刻印象的故事有二，一个是燕太子丹派荆轲刺秦，另外一个就是乐毅伐齐报仇。也许是基于此典故，司马迁对燕国的这次反击报仇带了一点个人袒护。司马迁在写《史记》的时候，在这段文字里面对燕昭王作了一个美化了的描述，说他前来犒劳军队，其实从"收齐卤获以归"来看，对乐毅的封赏并不一定必须到现场，燕昭王赶到济水边迎接从齐国虏获的财宝才是他的主要目的，顺便犒劳了一下军队罢了。而且我们从一些关键词中分析得出，这批珠玉财宝绝不是十箱八箱或者三五车那么简单，而是数量庞大到需要一部分军队去运送，这也正好解释了为什么三晋地区近些年的考古出土了那么多的用料、造型、抛光都明显来自齐国的水晶、玛瑙等珠玉的疑问。

燕昭王回到燕国之后，乐毅留在齐国巡行作战五年，攻下齐国城邑70多座，都划为郡县归属燕国，只有莒和即墨没有收服。这里面包含了一个信息：乐毅的军队在齐国作战的时间长达五年。这五年的时间里，对齐国的掠夺不仅仅局限于齐国王室地面宫殿和富豪巨贾豪宅里的财宝，对政敌掘坟曝尸历来都是一种对仇家的打击报复手段，历史上的例子也是不胜枚举，虽然在司马迁的《史记》中没有找到乐毅军队对齐国陵墓的盗扰的记录，但是因为燕国与齐国是世仇，伍子胥鞭尸的故事难免在这里重演，盗掘陵墓泄愤报仇也是必然，临淄地区的考古发掘中就发现有一些疑似毁墓泄愤的证据。临淄东夏庄4号大墓，墓口南北长25.5米，东西长24.8米，墓道长达50米，殉人多达19个，这么大规模的墓葬，其主墓室里的文物几乎被盗掘一空，仅在扰乱土中清理出一件铜带钩，四个铜节约，三个很小的铜底座和四个铜铺首，以及只是一些滑石制作的小件管饰，此外便无一物（图290），与其紧邻的一座同等级别的齐国大墓的主椁室被盗情况与其相似，除了三五件几厘米左右的小件文物，其余全被盗光。

临淄单家庄2号墓，同样是一个规模庞大的贵族墓，其主墓室一盗洞沿着东壁下来直达二层台，然后分成两路，朝两个方向掘进，一个沿着东壁向北，至北壁后西拐，再向南进入椁室，另外一盗洞在夯土层中向南掘进直奔位于墓室东南角的陪葬器物坑。

相家庄1号墓东北部的盗洞在抵达二层台后，向西穿过陈放陪葬品的生土台，到西壁后又向南北两个方向延伸，准确地进入椁室和随葬坑，椁室及随葬坑均被盗扰，椁室内只出土一件盗墓工具，其他一件陪葬品都没有。

相家庄2号大墓的盗洞中出土两匹完整的马骨架，经考证非墓葬陪葬马匹。能容纳两匹马的盗洞，我们可以想象出这不是个人盗墓所能为之，这应该是一种敞开式的大规模盗掘行为。

相家庄3号贵族大墓不但被严重盗扰，而且被盗墓者纵火焚毁，棺椁化为灰烬，墓主尸骨无存，墓室内的夯土烧成红色，连椁室内残存的一些玛瑙佩饰也被烧变质，椁室内残存的少数青铜质地的陪葬品多已被大火焚烧变形。这明显不是单纯的以盗掘财宝为目的的行为，更像是盗掘完后进行了报复和泄愤。（图291）

相家庄6号大墓，椁室被大火焚毁，棺椁连同墓主尸骨全部化为灰烬。

与田齐四王冢一沟之隔的淄河店2号贵族大墓，有三处盗洞，椁室内几乎被盗掘一

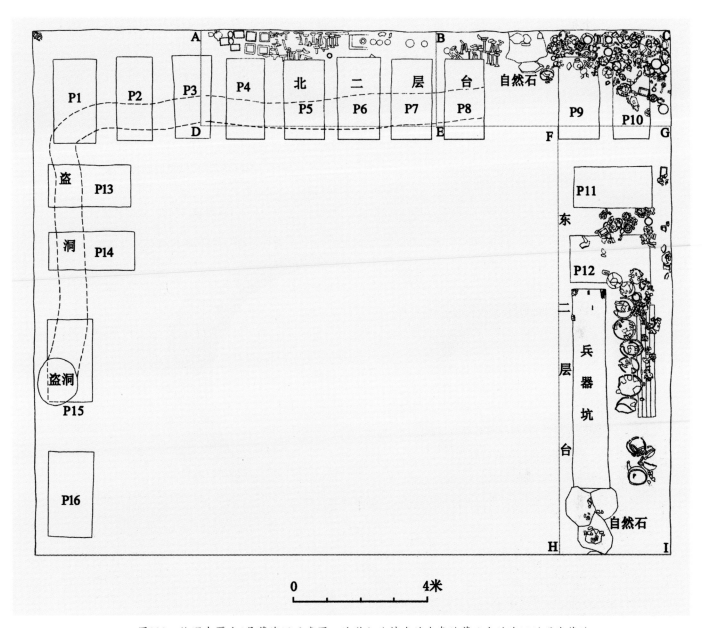

图290 临淄东夏庄4号墓盗洞示意图。这种如此精准的直奔随葬品去的盗洞说明盗墓的时代离下葬时间不久，有人了解墓葬随葬品摆放位置，而且当时玉器类属于贵族垄断品，平民是不可以拥有玉器的，当时的民间盗墓者很少盗取玉器类随葬品。这个盗洞在地下拐了几个弯，专门盗取没有青铜器却随葬有大量水晶、玛瑙器的殉人墓，种种迹象表明这不像是民间的盗墓行为，不排除是乐毅伐齐时期的盗掘行为的可能性。图片引自《临淄齐墓》第一集

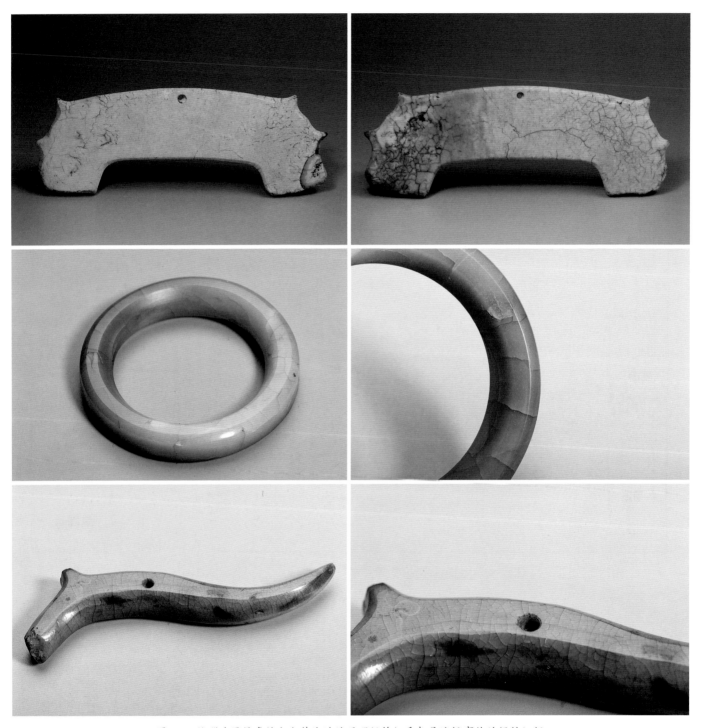

图291　临淄地区很多被大火焚烧过的玛瑙佩饰似乎都是这场事件的间接证据

空，之后被纵火焚烧，木质棺椁和墓主尸骨皆化为灰烬，残存的为数不多的几件青铜钟、戈、戟等随葬品甚至被焚烧变形。

纵观上述案例，临淄地区近代发掘的齐国高级别的贵族大墓，主墓室无一例外地全部遭到了盗扰，有的大墓盗洞甚至多达12个。需要注意的是上面提到的单家庄2号墓和相家庄1号墓，其盗洞非常明确地直奔主墓室和埋有大量随葬品的器物坑而去，尤其是盗洞在墓室底部分成两路向前掘进的情况，这说明盗墓者对墓葬结构非常了解。结合东夏庄4号贵族大墓和相家庄1号大墓椁室内随葬品被盗得那么彻底，随葬品几乎荡然无存的现象，这似乎说明，盗墓发生的年代距离下葬时间很近，[⑧] 有人了解随葬品器物坑的位置，这样才能准确无误地在夯土层中打盗洞直奔器物坑，而且也只有年代很近，木质的椁室未坍塌的情况下才能把里面的随葬品几乎没有遗漏地全部取走，如果时间距离太久，木质的椁室坍塌之后淤泥进入墓室后盗墓者是无法盗得那么彻底的。从相家庄3号贵族大墓和相家庄6号大墓以及淄河店2号大墓被大火焚烧的惨烈程度看，也只有在墓主下葬之后不久，木质构件未腐烂的前提下才能燃起熊熊大火，加之毁掉墓主尸骨，放火焚烧椁室泄愤，这一系列证据似乎都指向了"乐毅伐齐"这一事件。

燕国对齐国地上地下大规模的财宝掠夺造成了大批量的齐国水晶、玛瑙和玉器的外流，这其中当然包括了很多从春秋时期齐国的墓葬中盗掘出来的那部分珠玉，而燕王通过赏赐馈赠或者贸易的方式再把这些珠玉财宝分散到参与伐齐的韩、赵、魏、楚等国，那么这些国家所在的地区就会出现一个奇特的现象，即本地战国墓葬除了出土本国当时的珠玉之外，还会出土很多同时期齐国的珠玉、水晶、玛瑙饰品，甚至出土早于墓葬年代的春秋时期齐国的水晶、玛瑙佩饰。比较典型的例子就是位于河南新郑地区的郑韩故城遗址附近的西亚斯墓地，位于西亚斯学院的战国墓地属于李马墓群的一部分，这是战国时期紧贴韩国国都边上的一个墓葬群，墓葬以平民、士兵等中小型墓为主，有些小墓除了出土一两件明显具有齐国风格的玛瑙环之外仅有一把青铜戈随葬。我们在前面讲过，珠玉一类财宝为上币，是属于上层贵族专享的饰品，这种窄小的平民、士兵墓在当时是没有资格用它来做随葬品的，因为级别不够，而同时代的齐国地区的平民墓葬中却极少见到有水晶、玛瑙饰品出土，比较合理的解释就是，这是参与伐齐的韩国将领奖励给军功显著的士兵的战利品。

西亚斯墓群考古发掘的一个例子是83号墓，墓葬年代为战国时期，这是一个级别较高的墓，墓中出土的众多随葬品中有一枚春秋时期的玛瑙环和一件春秋时期的玛瑙觿比较显眼，这两件玛瑙佩饰无论是在造型上还是在抛光、选料上，都与齐系相吻合。（图292）这种跨地域跨时代出土的文物如果不参考乐毅伐齐这段历史背景，很容易给考古事业带来

---

⑧　汉代也是历史上的一个盗墓高峰期，但是汉代距离墓葬的下葬年代已达百年，汉代很难有人了解墓葬的地下结构并实施如此精准的盗掘。盗墓的历史自从有墓的时候便已存在，这些古墓往往被盗不止一次，有的盗洞多达十几个，都是不同时期盗墓者留下的盗洞，但是临淄地区盗掘、焚毁最严重的应该是乐毅伐齐时期。

断代等方面上的困扰，从而误把春秋时期的齐国平台玛瑙环和玛瑙觽当作本地战国时期的文物。这种困惑不是仅存在于韩国故城周边，而是遍布于参与伐齐的诸多侯国的领地，甚至于也会出土于与这些参与伐齐的国家有贸易来往的邻国。这个问题是考古工作中不得不重视的一个事情。

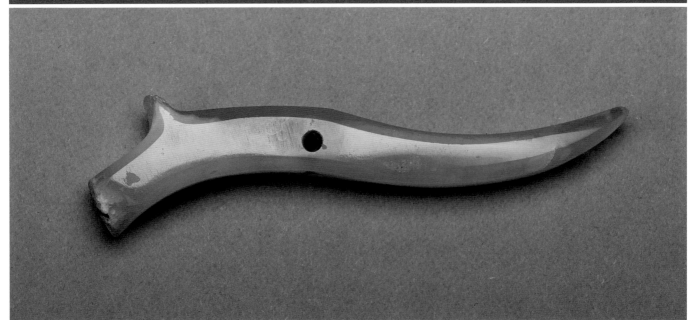

图292　新郑地区西亚斯战国墓地出土的春秋时期齐国平台玛瑙环和齐国玛瑙觽

第四节　秦汉墓葬出土原因

　　战国与西汉之间隔了一个秦代，但是我国的野外古墓葬考古中很少提到秦墓，这是因为秦朝存在时间过于短暂，本时期的文物在造型、纹饰方面没有形成自己独特的风格。事实上，战国遗风不仅跨越了秦朝，更是延续到了西汉早期，所以除了个别出土有确切纪年或者地域、民族风格明显的文物证明是属于秦墓外，很多秦墓被划分到战国墓或者西汉墓里面了。

　　目前为止，单座秦汉墓葬中考古发掘出土的玛瑙环都是以很少量存在，基本上是一两个，多的三五个，很少像战国春秋墓葬那样有大量出土，四川绵阳博物馆就有西汉墓出土的一对战国三才环。（图293）类似的例子在各地其他的博物馆也有，造型基本都是与西汉临近的战国时期的三才环为主。我们通过近代考古发掘知道，战国至秦汉时期出现过一个文化大断层，导致东周时期的很多文化和技术绝迹，这其中包括东周时期的水晶、玛瑙饰品的制造技术，可以肯定的是这类东西在汉代已经不再制作生产了，这个时候随着海上丝绸之路的盛行，东南亚地区的水晶、玛瑙饰品开始通过贸易流通进入国内，国内很多汉墓都有出土，一个玛瑙珠玉的新纪元开启了。那么我们可以得出一个结论，这些临近战国时期的西汉墓葬中出土的玛瑙环多半是战国时期遗留下来的，毕竟战国与西汉之间只隔了一个短命的秦朝，很多战国时代的人跨越了秦朝十五年，活到了西汉，死后这些自己贴身佩戴的珍宝被随葬到了墓中，这是汉墓出土战国玛瑙环的原因之一。

　　汉代墓出土东周时期玛瑙和水晶佩饰的另外一个原因就是如本章第一节里面讲的那样，是被后人以财富继承的方式带进了墓葬中。总而言之，秦之后已经不再有人加工此类水晶、玛瑙佩饰了，虽然汉代依旧有玛瑙和水晶珠饰的制作，但是却采用了另外的加工方式，其造型和原料也与东周时期的有很大的出入。

图293　汉墓出土的战国玛瑙环，现藏于四川绵阳博物馆，为战国遗留

○ 第十五章

齐国水晶、玛瑙佩饰的等级和价值

第一节　玛瑙、水晶佩饰在当时的价值

玛瑙、水晶佩饰在齐国范围内的出土数量高于同时期的任何国家，在一些高级别墓葬中，出土量少则几十件，多则几百件，齐国墓葬有大批量出土是否意味着此类玛瑙、水晶佩饰价格低廉？

"一珠易一良马"，这是《前五代史》中对唐代瑟瑟珠的价值记载，唐代的珠玉尚且如此珍贵，先秦时期的珠玉在当时的价值应该远高于唐代。

《管子·国蓄》记载："玉起于禺氏，金起于汝汉，珠起于赤野。东西南北距周七千八百里，水绝壤断，舟车不能通。先王为其途之远，其至之难，故托用于其重，以珠玉为上币，以黄金为中币，以刀布为下币。"

可见，在春秋时代齐桓公之前和管仲辅佐齐桓公执政期间，货币就已经被划分为了三个等级，珠玉是最高等级的上币，其价值是排在黄金和刀币[①]之上的。

《战国策·齐策一》："临淄之中七万户，臣窃度之，下户三男子，三七二十一万，不待发于远县，而临淄之卒，固以二十一万矣。临淄甚富而实，其民无不吹竽、鼓瑟、击筑、弹琴、斗鸡、走犬、六博、蹋鞠者。临淄之途，车毂击，人肩摩，连衽成帷，举袂成幕，挥汗成雨。"

东周时期，齐国的繁荣景象得到了空前的发展，以临淄为例，故城遗存的城墙总长21.3公里，有城门13座，城郭内面积方圆16平方公里，临淄城内可供作战的壮年男子已达21万人之多，加上老弱妇孺，总计人口超过60万，"举袂成幕，挥汗成雨"绝不是夸张。在先秦，马车是一种重要的财产，一个拥有一千辆战车的国家就算是当时的强国大国了；出行的马车在当时也属于贵族专享的重要财富，文中描述的"车毂击"，翻译过来就是路上往来的马车的轴毂互相撞来撞去，车辆之多、密度之高可想而知，繁华景象不言而喻；音乐方面更是拥有着让孔子"三月不知肉味"的韶乐；纺织方面一度赢得了"冠带衣履天下"的美誉，大批手工业者的纺织、陶艺、冶金、锻钢的作坊遍布城内城外，就连子贡、范蠡等大商人都曾和临淄有过往来。此外，临淄还设有闻名一时的稷下学宫，由荀子担任祭酒，吸引大量学者来此传道授业、著书立言。经济、文化上的双繁荣，让临淄一度成为世界级别的大城市。（图294—图297）

那么这种繁荣昌盛的局面和数量庞大的财富又是怎么来的呢？这里我们不得不说一说这位旷世奇才——管仲的一系列精妙绝伦的政治策略和数次对邻国财富巧取豪夺的贸易战，故事出自中国春秋时期的几场精彩的贸易战。

---

① 这里的"刀币"指的是齐国的刀币，是齐国发行流通的货币，主要流行于山东半岛地区。齐刀分为"三字刀""四字刀""五字刀""六字刀"，已经发现并著录的齐刀有"齐法化""齐之法化""安阳之法化""节墨之法化""簟邦法化""齐建（造）邦长法化"等数种。其中"节墨""安阳""齐"均为地名，"节墨"即今山东即墨，"安阳"即今山东曹县一带，"齐"指齐国都城临淄。

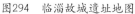

图294　临淄故城遗址地图

图295　临淄故城排水口遗址

图296　临淄古城墙遗址

图297　桓公台遗址。日暮西山乡烟愁，陌上荒草春又秋。曾经帝王千古业，何处古冢不名流。桓公台遗址位于齐国故城遗址的小城遗址内，是齐国宫殿台基残存，历经两千多年的风雨剥蚀和耕种蚕食，残存部分高14米，南北长86米，东西宽70米。其在古代的规制肯定比现在更加高大，虽然宫殿建筑早已不在，但是这些宫殿的台基遗址无不在诉说着那个时代的辉煌

第二节 贸易战下的巧取豪夺

　　"齐纨鲁缟"——春秋时期齐国和鲁国各自都生产丝绸，齐国生产的叫作齐纨，鲁国生产出来的则叫作鲁缟，这两种丝绸在当时都是闻名遐迩的商品，各国贵族们也都喜欢穿用其制作的衣服。为削弱鲁国实力，管仲给出的办法非常简单：他下令齐国上下把以前用齐纨为面料制作的衣服都收起来，不再穿了，只穿用鲁国布料制作的衣服。如此一道怪异的政令，让不明所以的鲁国看到了巨大商机，鲁国商贾们开始大量收购鲁缟，导致鲁国境内的鲁缟价格上涨，因此引发了一系列连锁反应，鲁国百姓放弃种粮，大面积农田改种桑树，盛行养蚕，积极加入纺织行业中。结果，没出几年鲁国粮食产量锐减。然后管仲再出奇招，命令齐国百姓不得再向鲁国购买鲁缟布料制作衣服，然后又大幅度抬高粮价，同时对周边国家施压，不得贩卖粮食给鲁国。这下鲁国慌了，先前许多人囤积的鲁缟布料开始滞销，而国内粮食又陷入短缺的困境，只得拿出大量钱款向齐国高价购粮。之前卖鲁缟收入的财富不但输个精光，数年来积累的大量财富也不得不耗在了高价购买齐国的粮食上，经过如此一番折腾，鲁国经济近乎崩溃，大量财富流入齐国。

　　"买鹿制楚"——齐桓公欲伐楚又担心楚国强大而不能获得成功，就向管仲请教办法。管仲献计说：请重金购买楚国的鹿。管仲首先让桓公通过民间买卖贮藏了国内粮食十分之六，其次派左司马伯公带领工匠在庄山大量铸造钱币，然后令中大夫王邑装载着两千万钱去收购活鹿。管仲为了表示买鹿之诚，煞有介事地对来自楚国的商人说：你能给我弄来二十头活鹿，我就赏赐你黄金百斤；弄来二百头活鹿，你就可以拿到千斤黄金了。说罢，及时预付为数不少的定金。这下子楚王彻底相信，齐国官员重金购鹿不过是为了迎合主上的个人喜好，乃阿谀谄媚之行，别无远志。久而久之，楚国渐渐放松警惕，还让老百姓赶紧捕捉活鹿换取齐国的钱币，老百姓迫于政令和财利的诱惑，纷纷放下手头的农活，漫山遍野地去捕捉活鹿。

　　此时，楚国已是鹿价飞涨而粮价暴跌，管仲趁机让大臣隰朋悄悄地在齐、楚两国的民间收购并囤积粮食。当年，楚国靠卖活鹿赚的货币，比往常多了五倍，齐国收购和囤积的余粮，也比往常多了五倍。最后，管仲对齐桓公说：楚国将要不战自乱了。齐桓公问：为什么？管仲回答：楚国只拿到了相当于往年五倍的货币，却失去了实实在在的粮食。现在我们只要闭境绝关，深沟高垒，让他们的货币无所用，我们就赢了一半。齐桓公顿悟，于是下令暂时闭关自守。结果楚国的米价疯涨，楚王派人四处买米，都被齐国截断，逃往齐国的楚国难民多达楚国人口的十分之四。楚国元气大伤，三年后向齐国屈服。[②]

　　"买狐降代"——《管子·轻重戊第八十四》载：代国出产狐皮，管仲劝齐桓公令人

---

② 参考文章《揭秘：管仲进行货币战争的六大绝招是什么》。

到代国去高价收购之，造成代国人放弃农业生产，成天到山林之中去捉狐狸，但狐却少得可怜，"二十四月而不得一"。结果是狐皮没有弄到，农业生产也耽误了，代国人没有粮食吃，导致遭受到北方的离枝国乘虚侵扰。在此情况下，代国国君只好投降于齐国。齐国一兵未动而征服代国。

管仲毫无疑问是贸易战的鼻祖，是政治家中的佼佼者，更是一位旷世奇才。在不动兵刃、不伤一兵一卒的前提下制服了周边很多国家，这在以农业为主，青壮年士兵既是精锐军队又是生产主力的农业时代尤显高明。这几场贸易战为齐国掠夺了大量的财富，那么对内管仲又用了什么样的治国方略？（图298）

图298　临淄的繁华程度使其在同时期一度成为跻身世界前列的国际化大城市

第三节 "官山海"下的横征暴敛

　　"官山海"的"山海之术"是管仲提出的对齐国内部百姓征收税收的制度。

　　"官山海"政策是管仲当时创行的重要的国家工商业政策。"官山海"中的"山海"意为"山海之藏""山海之业",主要指藏于大海中的食盐和藏于山中的铁矿两项重要资源。"官山海"就是实施制盐业和冶铁业的国家垄断性经营,实施食盐和铁器由国家专卖。

　　桓公曾问管仲:我想要征收房屋税、人口税、肉食税,仲父以为如何?管仲回答:征收百姓看得见的税赋,会使天下怨声载道,只有专营山海资源才可收税于无形。桓公说:什么叫作专营山海资源?管仲回答:靠大海资源成王业的国家,要注意征税于盐的政策。桓公说:什么叫作征税于盐的政策?管仲回答:十口之家就是十人吃盐,百口之家就是百人吃盐。成年男子每月吃盐近五升(齐国的"升"很小,一升只有200毫升)半,成年女子每月食盐近三升半,小男小女近二升半,(《管子·海王》载:"终月,大男食盐五升少半,大女食盐三升少半,吾子食盐二升少半。""大男""大女",指成年男女;"吾子",指小男小女;"少半",为三分之一。)这是大概数字。盐一百升为一釜。若使盐的价格每升增加半钱,一釜可收入五十钱;每升增加一钱,一釜可收入百钱;每升增加二钱,一釜可收入二百钱……合而算之,约计每日可得二百万,十日二千万,一月可获六千万钱。一个百万人的大国,假使征人口税的话,每月每人征税三十钱,总数才不过三千万。(图299、图300)

　　"官山"即冶铁业的国家垄断性经营和铁器专卖。在此之前,齐国已再次用贸易战"衡山之谋"的办法吞并了盛产铁矿的衡山国。

　　衡山国与齐国交恶,齐桓公和管仲商量,如何教训一下这个国家。管仲说:"看我的。"衡山国出产兵器并有着优质的铁矿资源,管仲就派人去了衡山国,大量高价收购衡山国的兵器。

　　燕国和代国是齐国的邻国,和齐国平日里有些摩擦,一听说齐国人在买兵器,就担心齐国有攻打他的国家的图谋,也赶紧派人去衡山国抢购兵器。这一下子产生蝴蝶效应,动静大了,连秦国都大老远地派人来衡山国买兵器。衡山国很快富裕起来,"穷"得只剩下钱了。各地的兵器订单陆续抵达衡山国,衡山国的兵器一时供不应求,于是衡山国君下令,把衡山的兵器价格提高十倍,并动员全国人民,放下手头的农业生产,加入制造兵器的大军中去。

　　管仲又派自己的得力干将、齐国大臣隰朋出去收购粮食。本来当时粮食的均价是十五钱一石,但是隰朋出手大方,居然用五十钱一石去买。马克思说过:资本如果有百分之五十的利润,它就会铤而走险;如果有百分之百的利润,它就敢践踏人间一切法律;如果有百分之三百的利润,它就敢犯下任何罪行。一听说齐国粮食行情那么好,全国的粮食市

图299　四王冢。齐四王墓在临淄东南方向的牛山东。《齐记补遗》云："齐威、宣、湣、襄四王墓。《魏书·地形志》作四豪冢。"巍巍四墓，壮如山丘，路人无不瞠目而视，远方客人驻足赞叹。它就像四座山丘，似乎仍在吟唱着战国"七雄"之首齐国那段辉煌的历史之歌

图300　二王冢。二王冢又称"齐王冢"，位于临淄东南方向齐陵镇郑家沟村西南的鼎足山上。鼎足山因紫荆山、牛首岗、菟头山呈三足鼎立而得名，二王墓就坐落在三山中间。两座高大的陵墓东西向排列，东西总长320米，南北约190米，近30米高，方基圆坟。四王冢和二王冢是临淄郊区的齐国王室陵寝，这些庞大的封土堆无不彰显着齐国国力的强盛

场都沸腾了，各国的粮食贩子，包括衡山国的，拉着一车又一车粮食往齐国跑。

五个月后，当年各国大部分的粮食都运到了齐国，粮食价格被哄抬了三倍多。这个时候，齐国突然宣布，与衡山国断交，甚至连衡山国的兵器也不要了。

齐国一不要，对其他国家又产生了连锁反应，也都不要衡山国的兵器了。衡山国倾全国之力，打造了堆积如山的兵器，却卖不出去，傻眼了；而且因为要做兵器，当年的粮食生产都耽误了，衡山国赶紧派人拿着卖兵器赚来的钱，出去买粮食。可是其他国家没有多余的粮食，粮食多数都在齐国堆着，而且价格还特别高。就这样，衡山国破产了。齐国派兵，兵临衡山国城下。饿得皮包骨头的衡山国国君和国民们，别无选择，只好集体向齐国投降。先前卖兵器赚的那些钱，这里面包括了代国、燕国还有秦国购买兵器赚到的钱，还有卖不了的兵器，也一并向齐桓公上缴。③

齐国吞并衡山国之后垄断冶铁业的具体做法是，私人开矿冶炼进行生产，由政府和私人分成，"量其重，计其赢，民得其七，君得其三"，即以"铁作为原料，按重量给官府白拿三成，以充赋税。铁的制成品由官府统一收购，计算其所得利润，也以三成归官府。铁器全由官府通过所属的官贾销售，按户籍编制，供应给农家。售铁器时，销价适当增加，以代征税。如1根针加1钱，1把剪刀加6钱，1个铁耜加10钱，卖30根针或5把剪刀、3个铁耜，就等于收一个人的人头税。""官山"的具体运营方式与"官海"相似，显然也是一种政府垄断性经营，政府所得也是一种垄断性利润。④（图301、图302）

征税是一门艺术，而管仲的"山海之术"，恰恰做到了巴蒂斯特·科尔贝说的那样："一位好的税务官应该把征缴税款当作拔鹅毛，登峰造极的手法是既能揪下最多的鹅毛，又能把鹅的痛苦叫声压得最低。"盐铁征税相对于按人口征税的另外一个高明之处是按照民众需求衡定了不同人群的征税高低，也就是说，年富力强的劳动力对盐和铁制工具的需求大，所缴纳的隐含在盐铁中的税赋也多，老弱病残对盐铁的需求量小，所缴纳的赋税也少，这其中有效地淡化了阶级矛盾。

---

③ 参考文章《管仲"衡山之谋"，中国贸易战祖师，不用一兵一卒消灭一个国家》。

④ 参考文章《管仲"官山海"政策简评》。

图301　临淄故城遗址内密布的冶铁遗址

图302　出土于临淄故城冶铁遗址中的铁块，重达3吨

第四节　繁盛下的厚葬之风

　　在管仲的治理下，诸多的经济措施使得齐国积累了大量的财富。齐国的经济得到了空前的大繁荣，与此同时，齐国为了防止越来越多的巨商豪贾影响到齐国王室的政权安全，倡导一种"轻有实，重无用"的奢靡风气，《管子·侈靡》篇中："雕卵然后瀹之，雕橑然后爨之。"鼓动巨商豪贾们互相攀比炫富，鼓动他们以食用壳上雕满花纹的鸡蛋为高雅，以焚烧雕刻精美纹饰的木柴为荣耀，借此消耗巨商们的财富，减少对齐国王室的威胁，同时也能解决百姓的就业问题，均衡社会财富不均的现象。那么在这种奢靡之风下，厚葬之风也是必然盛行的，这点我们可以参考与之年代临近的汉代厚葬之风，汉代天下贡赋分三：一贡宗庙，一贡宾客，一贡山陵。国库收入的三分之一被用在了陵墓里。汉代之所以出现这种奢靡的厚葬之风不会没有来由，多数都是受到前朝旧俗影响，所以在管仲极力推崇奢靡消费的观念下，齐国的贵族陵墓中会有大批量的水晶、玛瑙、珠玉被葬于其中，这也是齐国境内大量出土水晶、玛瑙佩饰的原因之一。（图303）

　　由此可见，齐国出土数量众多的水晶、玛瑙佩饰的原因不是因为其价值低廉，而是对齐国800多年历史的财富积累和奢靡厚葬之风盛行的双重历史背景的写照。（图304）

图303　临淄地区的厚葬之风不仅体现在奢华的随葬品上，还体现在巨大的墓室规模和动辄几十名殉人上。封土冢，临淄故城南郊的无名大墓封土，这种大型封土墓在临淄周边有150多座，解放前未被破坏的封土墓有2000多座，推测在东周时期数量更会是解放前的数倍

　　图304　殉马坑遗址。殉马坑遗址位于临淄东郊，淄河东岸，是春秋时期的一处马匹殉葬坑，按其规制应属于某代齐国国君的陵墓陪葬坑。殉马坑在墓室的东、西、北三面，东西各长70米，北面长75米，宽5米，三面自然连接，成为一体，全长215米。1964年山东省考古所发掘了北面西段54米，清理殉马145匹；1972年发掘清理了西面南端30米，殉马83匹；1980年于西面南端建起殉马坑展厅，展示殉马106匹。殉马排列密度平均每米地段2.78匹，全部殉马都是成年壮马，总数当在600匹上下。这种奢靡的厚葬之风除了显示了齐国的强盛国力，也带动了其他贵族们的奢靡厚葬之风

第五节 "阴里之谋"的价值参考

　　关于齐国水晶、玛瑙佩饰在当时的另一个价值体现，我们可以参考一个历史典故——"阴里之谋"，以此为基准做一个价值对比衡量。

　　《管子·轻重丁》里面记载了一个管仲玩弄经济手段的有趣故事。[⑤]

　　桓公曰："寡人欲西朝天子而贺献不足，为此有数乎？"管子对曰："请以令城阴里，使其墙三重而门九袭。因使玉人刻石而为璧，尺者万泉，八寸者八千，七寸者七千，珪中四千，瑗中五百。"璧之数已具，管子西见天子曰："弊邑之君欲率诸侯而朝先王之庙，观于周室。请以令使天下诸侯朝先王之庙，观于周室者，不得不以彤弓石璧。不以彤弓石璧者，不得入朝。"天子许之曰："诺。"号令于天下。天下诸侯载黄金珠玉五谷文采布泉输齐以收石璧。石璧流而之天下，天下财物流而之齐。故国八岁而无籍，阴里之谋也。

　　齐桓公说：我想西行朝拜天子而且进献贡礼，但是费用不足，解决这个问题有办法么？管仲回答说：请下令在阴里筑城，要求有三层城墙，九道城门。于是让玉匠取城里特有的一种石头雕制石璧，一尺的定价为一万钱，八寸的定为八千，七寸的定为七千，石珪值四千，石瑗值五百。石璧如数完成后，管仲就西行朝见周天子说：敝国之君想率领诸侯来朝拜先王宗庙，观礼于周室，请发布命令，要求天下诸侯凡来朝拜先王宗庙并观礼于周室的，都必须带上彤弓和石璧。不带彤弓石璧者不准入朝。周天子答应下来并向天下各地发出了号令。于是天下诸侯都运载着黄金、珠食、彩绢和布帛到齐国来购买石璧。齐国的石璧由此流通于天下，天下的财物归于齐国。所以，齐国八年没有征收赋税，就是因为这个"阴里之谋"为齐国王室赚到了足够的财富。

　　文中提到并且特指是"石璧"，采用了"刻"的工艺制作，而且因此事"流而之天下"，我们根据近代的考古发现，流行于天下并且采用刻的方式制作的石璧，似乎就是齐地考古发掘中常见的滑石制品。（图305、图306）文中提到的石璧的价值尚且如此之高，水晶、玛瑙佩饰的价值必然更加昂贵，这也是同时期水晶、玛瑙佩饰价值的一个侧面衬托。

图305　出土于湖北枣阳地区九连墩楚墓的滑石璧。同类型的滑石璧在河南洛阳、湖北宜昌、湖北枝江市姚家港3号墓都有出土

　　[⑤]　《管子》是战国时齐稷下学者托名管仲所作的一部散文集，是稷下道家推尊管仲之作的集结，即以此为稷下之学的管子学派。《汉书·艺文志》将其列入子部道家类，《隋书·经籍志》将其列入法家类，《四库全书》将其列入子部法家类。书篇幅宏伟，内容复杂，思想丰富，是研究中国古代特别是先秦学术文化思想的重要典籍。

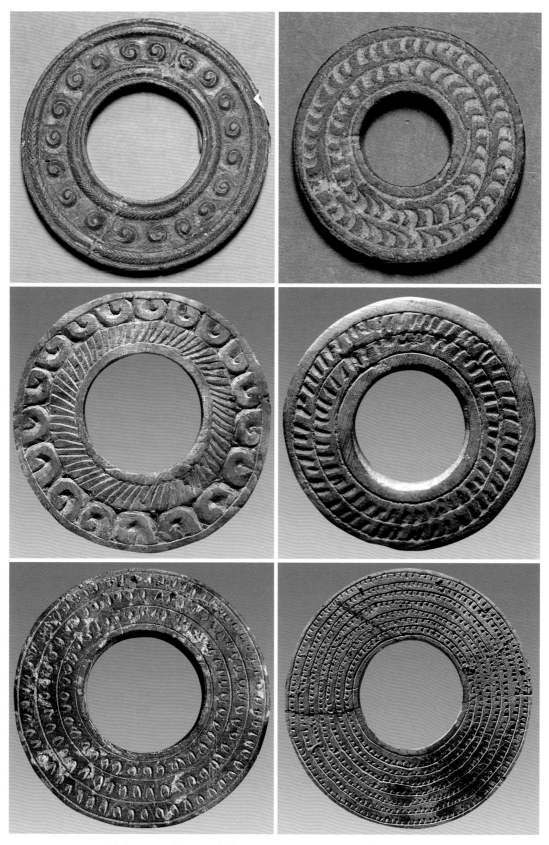

图306　同种材质不同纹饰的石璧在韩、赵、魏、燕、郑、齐、鲁等地均有出土，尤以齐国最多

第六节　出土水晶、玛瑙佩饰的墓葬级别

　　我们在已发掘的有水晶、玛瑙佩饰出土的墓葬中发现，一些中小型墓葬偶有零星出土，仅为个例，所出土水晶、玛瑙器多为零散的珠、环，无论是质还是量都很一般。以临淄两醇墓地为例，几百座墓葬总计出土2个水晶环、2个玛瑙环、4颗水晶珠子，而且都是从级别相对高的积石墓葬出土。⑥

　　出土数量多的墓葬为大型贵族墓。以东夏庄贵族墓、单家庄贵族墓以及四王冢附近的淄河店贵族墓为例，这些墓葬多为带墓道、椁室外有积石和殉人的大型贵族墓。这些大型贵族墓出土的水晶、玛瑙器不但数量较多，器型方面还涵盖了环、觽、管、珠、珩，常见的器型几乎都包含在内，而且品质也很高。

　　齐国在田齐时期的墓葬制度出现了一个重大的转折，田齐时期的墓葬重新流行起了早已废弃很久的商代殉人制度，一些高等级的大型墓葬在主墓室的周边二层台上往往排列着众多的殉人墓。通过考古文献，我们会发现，这些由各式各样的水晶、玛瑙组成的佩饰多数出自墓葬二层台的殉人墓，这是否意味着其等级逊于贵族，或是专属于奴隶、殉人的陪葬品？郎家庄1号墓中，被埋葬于棺室上方的六个殉人，他们没有棺椁，没有随葬品，分两层埋葬，这种情况下为奴隶的可能性大一些。而这些被随葬在坑底二层台上的殉人，他们有着自己单独的棺椁和价值不菲的随葬品，所以他们的身份并非是奴隶，他们应都是生前与墓主人关系比较密切的嫔妾、侍卫和亲信，具有较高的身份地位，属于生活中与墓主衣食起居密切相关的人，因此才能得到墓主人开心之余的额外赏赐和奖励。那么水晶、玛瑙佩饰在墓主椁室内为什么鲜有出土？这是因为这些大型贵族墓葬的墓主椁室大部分都在早期被盗掘一空。⑦我们可以以战国中山王𰶩墓为例，𰶩是战国时期中山国的国君，他的墓室虽然也被盗，但是盗得不彻底，在主墓室和北盗洞中依旧出土了大量的水晶、玛瑙佩饰，数量多达228件。齐国无论是经济上还是军事上都远远强大于中山国，其随葬的水晶、玛瑙佩饰在同等级的贵族中只可能比中山国更多。以此作为参考，可想而知这些齐国贵族的主墓室如果没有被盗，其中陪葬的水晶、玛瑙佩饰当为二层台上的殉人随葬数量的数十倍不止。（图307）

　　结合上述案例可知，水晶、玛瑙佩饰在古代的齐国是一种等级很高、价值高昂的奢侈品，它在齐国的历史长河中不但起到了凌驾于黄金之上的高额货币的作用，还是等级森严的社会制度中彰显贵族身份的奢侈品，一珠、一环都显得无比珍贵。

---

⑥　山东省文物考古研究院：《临淄齐墓（第二集）》，文物出版社，2018。

⑦　详情可以参考上一章《东周水晶、玛瑙佩饰的断代》的有关内容。

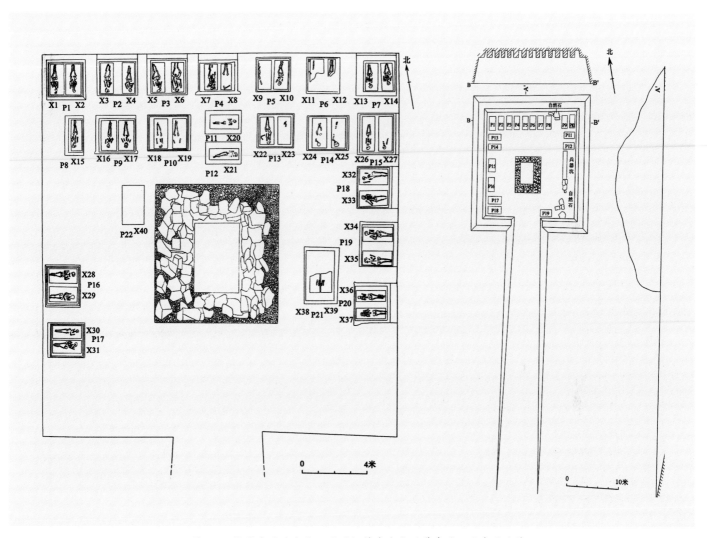

图307 临淄地区的水晶、玛瑙佩饰多出土于带有殉人的贵族陵墓，
这些墓葬级别很高，规模较大。图片引自《临淄齐墓》第一集

第十六章

东周玛瑙、水晶佩饰的审美

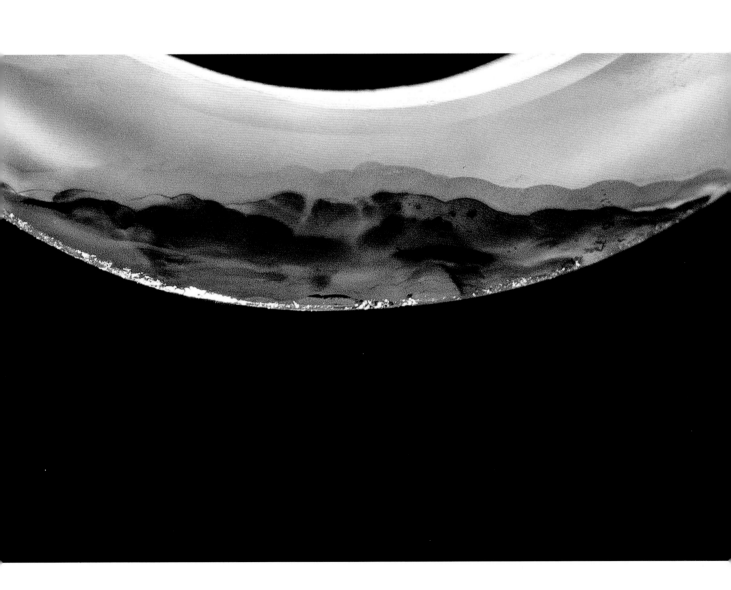

第一节 历史文化之美

对于古代珠玉的美，大部分人首先注意到的都是最直观的色彩和纹饰，很大程度上会把文玩的审美强加到古玩上。对古代珠玉而言，悠久的历史和厚重的文化是古代珠玉的第一审美，精美的纹饰和绚丽的色彩则是在此基础上的升华。

玉器在中国历史上可以划分为三个阶段：巫玉时代、权玉时代和民玉时代。巫玉时代指的是文化期至商代。在生产力低下的原始社会里，先民们认识自然、适应自然的能力极弱，对自然界各种现象无法解释并充满恐惧，认为宇宙万物皆有神灵存在。这个时期的玉器被作为巫师与天地鬼神沟通的神器。权玉时代指的是商周至秦汉时期，这个时期的玉器走下神坛，成为代表等级身份的象征，是属于王室和贵族垄断专享的财富。周代规范了玉器等级森严的礼仪制度，《周礼·春官·大宗伯》载："以玉作六瑞，以等拜国。王执镇圭，公执桓圭，侯执信圭，伯执躬圭，子执谷璧，男执蒲璧。"每逢朝觐，从天子到诸侯，各执不同玉器，以示地位身份。这也是很多古代墓葬在汉代被盗掘，盗墓者取走了青铜器和金银器，却对更加珍贵的玉器不敢染指的主要原因，因为那个时代的平民百姓是没有资格拥有玉器的。民玉时代指的是唐宋之后，这个时候的玉器已经摆脱了皇室贵族的独家垄断，虽然官方依旧有着官方的用玉制度，但是民间一些富足的文人百姓也获得了使用玉器的权利，坊间出现了私人的玉器作坊和商铺，一时间玉器成为上至皇亲国戚、文武百官，下至富商巨贾、文人墨客争相收藏、把玩和佩戴的重要财富。

而东周时期正好处于权玉时代，这个时代的珠玉代表的都是王室贵族的身份，所以每一件东周时期的珠玉都凝结了这个历史时代的精华，它们的背后包含了无数的纸迷金醉，朝代兴衰。"三家分晋"分的不只是国土和权力，珠玉也包含在其中。"图穷匕见"的时候，秦王宫里悬挂的珠玉也许在冲突中与灯光一起摇曳散伏于王宫阶下；晋文公"退避三舍"的时候也许珠玉在侧；楚庄王为了"一鸣惊人"的功绩，也许曾把它们当作论功行赏的奖励；齐桓公会盟诸侯、一匡天下的时候，也许这些珠玉就悬挂于各路诸侯的身上环佩叮当与齐纨鲁缟争辉斗艳……这些陆离璀璨的珠玉不知道映照过多少英豪容貌和红粉俊颜，也不知经历过多少王侯令尹的把玩摩挲，或是接受过多少门客游侠羡慕的眼光……（图308）

历史的车轮永不止息，悠悠时光把春秋战国的辉煌掩埋在了两千多年的历史尘埃里，最终时间摧毁了一切，荣华富贵，功名利禄，骁马銮驾，王宫台榭，连同无数君王诸侯都化作了朽骨淤泥，这些珠玉依旧还在，它们承载着已经逝去的一切，荆楚大地上的竽笙建鼓和钟鸣鼎食、燕赵北陲的金戈铁马、齐鲁大地韶乐声中的歌舞升平和鳞次栉比的临淄集肆喧嚣，以及郑韩故城里灯光摇曳中的觥筹交错，见证着无数的奢华与荣耀。曾经属于叱咤风云的历史名人的珠玉也许在政权更迭和分封赏赐中辗转流落到了各地，最终又汇聚到

　　了博物馆里。当我们徜徉在博物馆的展厅里，与我们同处一室的就是来自那个辉煌时代的珠玉，这是一种跨越时空的历史对话，这种感觉会令每一个热爱历史、钟情收藏的人不由自主地血脉偾张。

　　脱离了历史文化的珠玉只是一些年代古老的珠珠蛋蛋、环环圈圈。古代珠玉身上承载的这些厚重的历史与文化成就了它的传奇，这也是称之为古代珠玉第一审美的原因。

图308　齐桓公与管仲像

第二节 工痕之美

　　东周时期的水晶、玛瑙佩饰上，总是会看到一些纵横交错、细如牛毛的划痕，这种痕迹是残留的打磨痕迹。古人的科技落后于现代，但是智商不低于我们，他们靠着自己的智慧把最原始的工具和材料发挥到了极致，没有先进的电动工具，他们就选择了硬度较高的研磨砂来加快打磨速度，在当时社会环境和科技水平层面上找到了最简洁省力的加工方式。这种残留的打磨痕迹原本是一种瑕疵，但是从工艺的角度上去理解，这些东周时期的水晶、玛瑙佩饰上，每一条金钩铁划般的打磨痕迹都是一种美，因为这里面透露着古人的聪明和智慧。（图309）

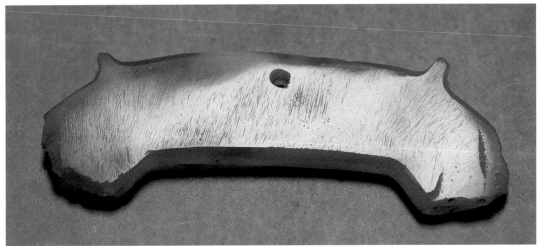

图309　东周时期玛瑙佩饰上的打磨痕

第三节　自然之美

东周玛瑙、水晶佩饰的艺术是天然与人工的结合，《离俗览·举难》[①]："尺之木必有节目，寸之玉必有瑕璃。"关于"瑕疵"的定义，要看从哪个方面去理解。

瑕疵分为两种：第一种是材料上的天然缺陷。比如玛瑙材料上的天然孔洞（虫洞、晶洞）和原矿皮壳，这是大自然造化的产物，是玛瑙成矿过程中留下的痕迹，玛瑙上面残存的矿石原始皮壳能让我们看出古人所采掘的矿石的来源，比如相当于和田玉山料的玛瑙原生矿，还有古人在河床上采到的类似于和田玉籽料的玛瑙砾石。

早在商周时期，西玛[②]珠子中就有一部分利用了玛瑙中的天然晶洞当作玛瑙珠子的穿孔，（图310）这里面代表了古人的智慧和想法。不管是千奇百怪的天然管孔、晶洞，还是绚丽夺目的色彩，这都是一种美的存在，只是绚丽多彩的颜色更易于吸引人的目光，从而让人忽略了玛瑙矿石在天然造型上的美感。

第二种瑕疵就是古人在加工过程中的失误，相比之下这种瑕疵更耐人寻味。古代人也是人不是神，在加工时难免有失误，古人在失误后对瑕疵的弥补也是一种美。（图311）对于产自遥远的西域的和田玉而言，材料的稀缺迫使他们不得不节省材料，用切割的方式取料，而且把切割下来的边角料也充分利用了起来，比如说很多战汉时期的S形龙佩都是用了双区大玉璧的边角料。相比之下，玛瑙材料分布广泛，几乎各地都有零散产出，比和田玉更易于取得，于是古人在工和料之间来了一个折中的选择，用敲击的方式制作粗坯。这样的方式使加工速度较快，省去了切割玛瑙矿石所耗用的时间和精力，不管是料子存在的瑕疵还是加工过程中的失误，很多古代佩饰瑕疵，在如今看来别有风味。文物是人类文明之遗物，是人类曾经生存过的证据，透过文物看到古人的精神和想法这是文物之所以称之为文物的意义之所在。当我们看到玛瑙、水晶佩饰上残留的敲击加工痕迹，从而联想到古人的加工技巧和工序，这何尝不是一种美妙的体验？

完美无瑕的全品是建立在老的基础上对审美的升华，但是也失去了一些从工痕一窥古代工匠的加工工艺和步骤的乐趣。相对于耗费脑筋的理性的工痕，可直观质地和色彩千姿百态、漂亮的审美更易于被广大群众认可。

---

①　《离俗览》是战国时期吕不韦创作的一篇关于立世治国的文章。吕不韦是战国时期杰出的政治家、思想家。门下有食客三千人，吕不韦使他们各抒所闻，共著成八览、六论、十二纪，共二十万言，号曰《吕氏春秋》。《离俗览》即出自《吕氏春秋》一书。

②　"西玛"指的是西周时期的一种玛瑙佩珠，连缀于玉组佩之间，料子以红色玛瑙为主，坊间简称"西玛"。

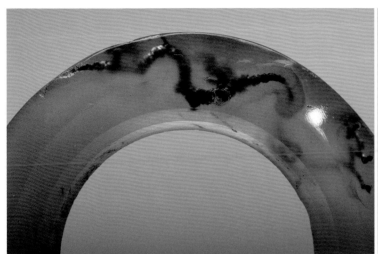

图310-1　东周玛瑙环中的天然孔洞

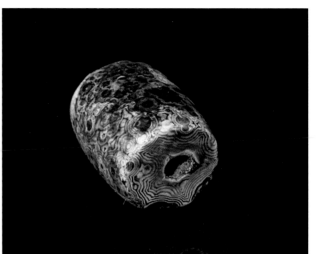

图310-2　借用了天然孔的西周玛瑙珠子

图311　东周玛瑙环、竹节管饰上的随形补缺

第四节　质地之美

《礼记》③云："大圭不琢，美其质也。"说明在汉代的时候古人已经懂得了材质的审美。当代的翡翠与和田玉雕界很多大师也延续了这一优良传统，质地最美的玉石都是尽量少做工艺，最大限度地留白，为的就是展现它的材质之美，后来的行话"无绺不遮花"就是说此，很多玉雕的纹饰是用来掩盖玉料上的瑕疵的。

"玛瑙无红一世穷"，这句话是明清时期玛瑙、玉器走向民间百姓之后的一种民俗文化的体现。红色玛瑙固然好，但是红色之外的玛瑙未必就一无是处。在东周时期上层贵族垄断的水晶、玛瑙佩饰中就有大批量的不带红色的白玛瑙或者无色半透明的玛瑙盛行的情况，这更以实物证实了古人的审美不仅仅局限于色彩这一个方面上，更多的是质地上的审美。

古人在加工各种材质的佩饰的时候，在材料的选择上有他们独到的审美在里面。不管是和田玉、松石、煤精、琥珀、玛瑙、水晶抑或是各种千奇百怪的地方玉料，它们总有独特的魅力吸引古人。那么无色的白玛瑙是哪点吸引了古人？

白玛瑙的美是质地方面的审美，如同和田玉一样，和田玉除了温润的特点外还有着细腻的质地之美，而玛瑙虽然在油性上不及和田玉，但是有着比和田玉更为均匀细腻的质地，做成不带纹饰的素器则更能展现材料的质地之美。（图312）

外国人对于中国古玉器的审美仅仅局限于它所呈现出来的具体造型和花纹图像，原因就是缺乏了对于中国古文化的根基的理解。而我们需要反思的是，我们也不要把对古代艺术品的审美硬套在当代的审美标准上。

---

③　《礼记》又名《小戴礼记》《小戴记》，成书于汉代，相传为西汉礼学家戴圣所编。《礼记》是中国古代一部重要的典章制度选集，共二十卷四十九篇，书中内容主要记录先秦的礼制，体现了先秦儒家的哲学思想、教育思想、政治思想、美学思想，是研究先秦社会的重要资料。

图312　东周时期白色玛瑙佩饰的质地之美

第五节　色彩之美

古语说，"千种玛瑙万种玉"。玛瑙千变万化的色彩无疑是俘获古人眼光的一大原因，绚丽的色彩也给东周时期的玛瑙佩饰锦上添花。

1. 漂亮的缠丝玛瑙

水晶的晶体是由内到外、由小到大慢慢长大的，玛瑙则是在凝固后的熔岩管道空腔里由外到内生长的，与水晶的形成模式完全相反，到最后火山热液中的二氧化硅慢慢地堵塞了热液流动管道，便形成了我们之前提到的"虫洞"，而缠丝玛瑙也在这种"淤塞"的过程中一层层地形成。丝丝缕缕、飘飘洒洒，除了视觉上带来美妙的感受之外，这些缠丝也见证了玛瑙矿石在大自然环境中成长的历史。如同树木的年轮一样，缠丝代表了玛瑙的生长过程，只是恰恰相反，你看到的一层层的缠丝其外层的要比内层的更为古老。（图313）

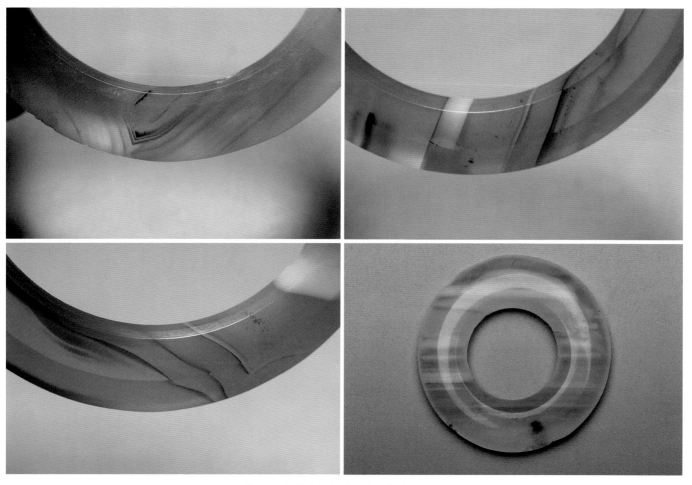

图313　东周时期各种形态的缠丝玛瑙环

2. 冷艳的水草玛瑙

"水草玛瑙"是坊间根据其状态起的名字，顾名思义，因其内部充满了类似于"水草"一样的东西，这种天然形成的纹理如同在水底荡漾的水草，飘逸潇洒而又冷艳含蓄，格外的耐人寻味。（图314）

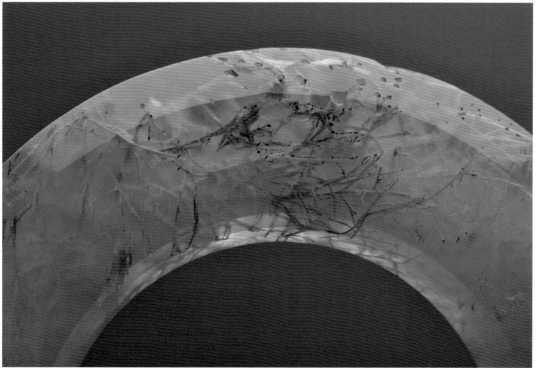

图314　东周时期的水草玛瑙环

3. 浓艳如霞的红缟玛瑙

红缟玛瑙是很少见的一个品种，多出自国君级别或者高等级贵族墓葬。（图315）

通过前面有关红缟玛瑙章节提到的红色崇拜现象，我们可以明白一个道理，红缟玛瑙的珍贵之处在于其漂亮的颜色，而不是红缟这个品种，颜色红得不够浓艳或者料子中夹带僵石多的红缟玛瑙佩饰其价值是要稍逊一筹的。战国时期的红缟玛瑙带僵皮那是因为在当时开采技术有限，在资源匮乏的情况下不得已而为之。

《格古要论》[④]中记载"玛瑙多出北方，南蕃、西蕃亦有，非石非玉坚而且脆，快刀刮不动，凡看碗盏器皿要样范好，碾得薄不夹石者为佳"。

从文中"碾得薄不夹石者为佳"一句可见，至少在明代的时候古人已经把玛瑙中夹杂僵石的玛瑙视为瑕疵，下品。

但是历史文物是不可再生的，这些都是可遇不可求的古代艺术作品，在历史文物面前，我们的任何要求都显得过于苛刻，从其两千四百多年的历史而言，哪怕是再普通的一件文物，也是难得的历史馈赠，得之已是万幸。

图315　东周时期浓艳如霞的红缟玛瑙珠、环

---

④　《格古要论》是中国现存最早的文物鉴定专著。明曹昭撰。曹昭，字明仲，江苏松江（今属上海）人，生卒年不详。书成于洪武二十一年（1388年）。全书共三卷十三论。上卷为古铜器、古画、古墨迹、古碑法帖四论；中卷为古琴、古砚、珍奇（包括玉器、玛瑙、珍珠、犀角、象牙等）、金铁四论；下卷为古窑器、古漆器、锦绮、异木、异石五论。

4. 瑰丽的影子玛瑙

　　影子玛瑙也被称为"象形图纹玛瑙"，因有红、黄、黑、褐、蓝、紫、白等多种颜色相互辉映其间，或像行云流水，又似远山暮霭，如晚霞夕照，似西湖晚秋，给人留以无限的幻想空间而得名。（图316）记载象形图纹玛瑙的古籍却并不多见。最早记载象形图纹玛瑙的古籍是宋代文人杜绾所著的《云林石谱》，文中是这样描述的："峡州宜都县⑤产玛瑙石，外多沙泥积渍，凡击去粗表，纹理旋绕如刷丝，间有人物鸟兽云气之状。土人往往求售，博易于市。泗州盱眙县宝积山与招信县皆产玛瑙石，纹理奇怪。宣信间，招信县令获一石于村民，大如升，其质甚白。既磨礲（即研磨）中有黄龙作蜿蜒盘屈之状，归贡内府（即朝廷里的皇帝）。"这块经过研磨后发现的"龙"形象形图纹玛瑙，人们视若珍宝并贡献给皇帝。出产这种龙形象形图纹玛瑙的玛瑙河，在今湖北省宜昌地区，流经宜昌、当阳、枝江。

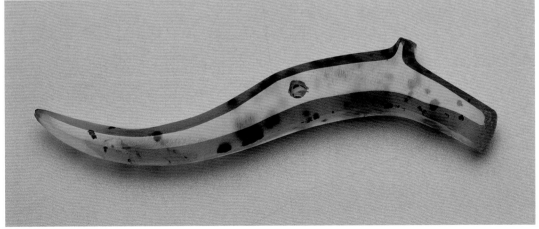

图316　东周时期色彩瑰丽的影子玛瑙觿

---

　　⑤　峡州宜都县，今湖北省宜都市。峡州辖境相当于今湖北省宜昌、远安、宜都等地。

据清代江宁府江宁县（今江苏省南京市）县志记载："玛瑙涧五色文石，有云霞草木人物鸟兽之状，甚至字画天然，一石数金。邑人以山为市。"由此可见，在清朝，象形图纹玛瑙就已广受关注，且身价不菲（这记载的很可能就是南京的雨花石）。

《归州志》记载："苍茫溪，一名玛瑙河，盛产玛瑙，大者如瓜，小者如豆，藏在遍河床卵石之内……色红、茶黄、淡青……尤以透明纹理，中有鱼虾、月亮、屋宇图案者为贵。"

明代谷泰撰写的《博物要览》［天启间（1621—1627年）刊行］中写道："玛瑙非玉非石，自是一类。有红、白、黑三种，有纹如缠丝者。人以小者为玩好之物，大者研为器具……其中有人物、花鸟形者最贵重。"文中描述的"人物、花鸟形者"，就是象形图纹玛瑙。中国现存最早的文物鉴定专著《格古要论》这本明代古书中记载的"其中人物、鸟兽形者最佳"说的就是象形图纹玛瑙这一奇珍收藏。

东周时期影子玛瑙饰品的发现也是以实物的方式把古人对影子玛瑙的审美提前到了公元前7世纪左右。（图317）

前面在介绍齐系与晋系玛瑙的区别中讲到，彩色的影子玛瑙主要产自三晋地区，齐国偶有出土，但是数量很少，而且其中不少是与三晋地区的贸易往来、国家馈赠以及婚娶嫁媵携带而来有关。玛瑙矿石在形成的过程中偶发的细微的地质活动给热液带来了氧化锰、氧化铁、阳起石、角闪石、金红石、针状晶体、绿泥石及其他杂质等由金属和非金属元素引起的共存反应，这些元素沉淀在玛瑙中形成了不相同的色彩。（图318—图324）

影子玛瑙的美在于多种色彩融为一体共同构建组合出不同的具象或者抽象的图案，给人以无尽的遐想空间。

图317　东周时期影子玛瑙

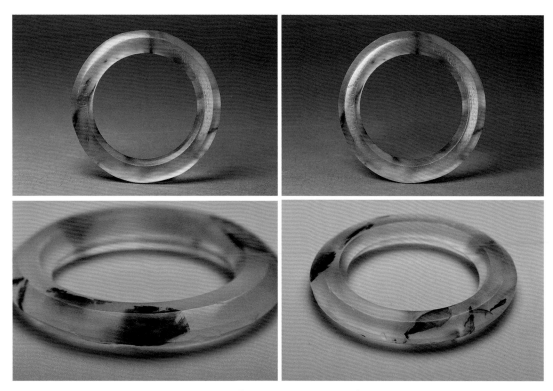

图318　东周时期影子玛瑙环欣赏

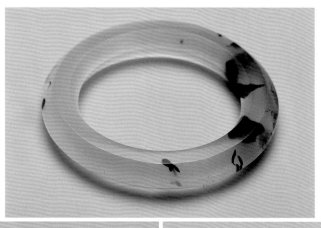

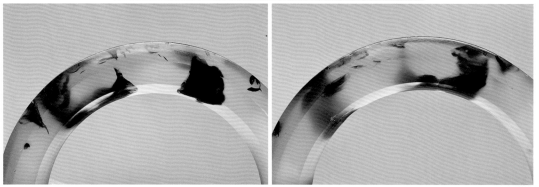

图319　东周时期影子玛瑙环欣赏

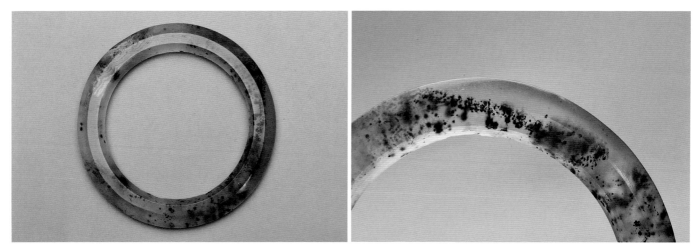

图320　东周时期影子玛瑙环欣赏

图321　东周时期影子玛瑙环欣赏

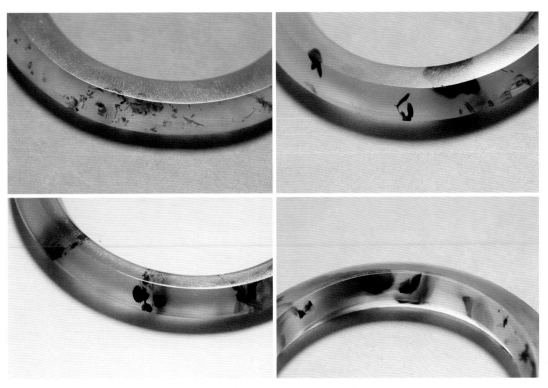

图322　东周时期影子玛瑙环欣赏

图323　东周时期影子玛瑙环欣赏

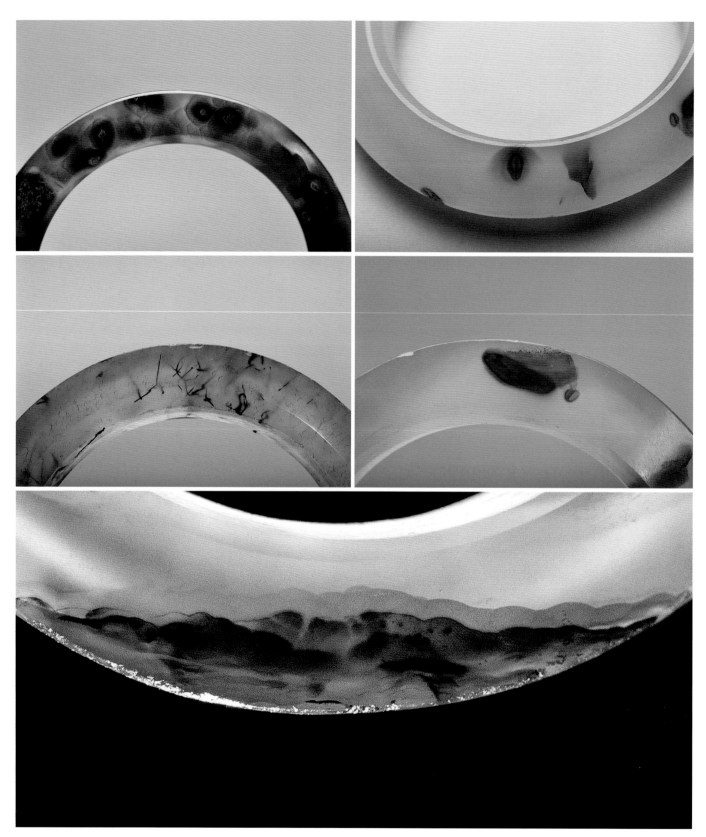

图324　东周时期影子玛瑙环欣赏

5. 鸡肝玛瑙

因为色泽、质地看起来好像鸡肝，由此而得名。因为颜色的不同而分为绿鸡肝和红鸡肝玛瑙，严格意义上来说这不属于玛瑙的范畴，它属于泥石的一种，属于沉积岩类。（图325）

图325　东周时期鸡肝玛瑙环

6. 淡雅华贵的黄玛瑙

黄玛瑙的瑰丽、淡雅中带着一股华贵，在如山水画的晕散中展现着它独有的魅力。

（图326）

图326　东周时期黄色玛瑙环欣赏

7. 玲珑通透的红玛瑙

因为铁离子价位不同而致色的这类红玛瑙与艳红色的红缟形成了对比，这种淡红色如同樱桃红一般，没有红缟的厚重，却形成了自己独特的通透之美。（图327）

图327　东周时期各种造型的红色玛瑙佩饰欣赏

第六节　灰皮之美

　　"老买三分沁，新买一张皮。"这句话说的是买古玉和新玉的两个标准，新玉以籽料为贵，同样质地的玉石，好的皮色价格翻倍，谓之"新买一张皮"。古玉看的是沁色，因为沁色是判断古玉真假的重要标准之一，但是沁重成鸡骨白了也不行，要带点沁色但是又不能沁得过重，所以谓之"老买三分沁"。玛瑙的灰皮则恰如其分地体现了这"三分沁"，严格意义上讲，它是一种碱性物质对玛瑙产生的腐蚀，不是沁。玛瑙上千变万化的灰皮在视觉上也给人以厚重的历史感。（图328、图329）

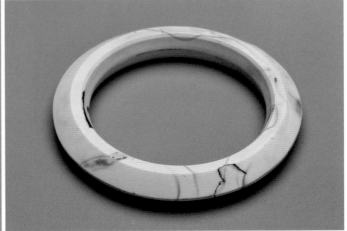

图328　东周时期各种精彩的玛瑙灰皮

图329　东周时期各种精彩的玛瑙灰皮特写

第七节　水晶的晶莹剔透之美

1. 白水晶

毫无疑问，当代的玻璃削弱了当代人对水晶的视觉感受，其实在尚未大面积普及玻璃制品的古代，晶莹剔透的水晶是一种神奇的存在，如同一块千年不化的寒冰，令人赞叹大自然的神奇造化。在古代的记载中，不管是中国还是国外很多地区，都认为水晶为冰块长年累月变化而成，这在古代更是增加了它的神秘性。（图330）

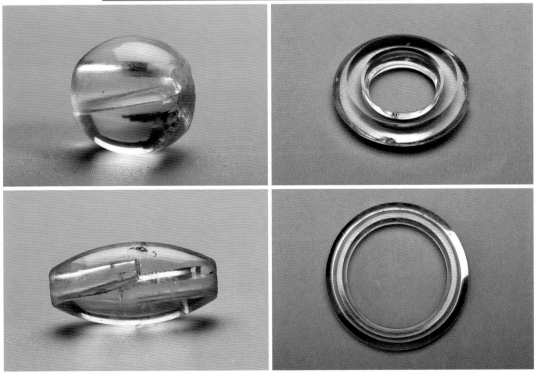

图330　东周时期各种造型的白水晶饰品

2. 茶晶

　　相对于无色透明的白水晶而言，茶晶则显现出沉稳、内敛的特色，隐含着一种灵光暗闪的美。（图331）

图331　东周时期各种造型的茶晶佩饰

3. 紫晶

紫晶的艳丽色彩带着一股华贵、庄重、典雅和幽静，紫晶的高贵不仅表现在它的稀少上，还表现在它娇贵的成矿过程和保存方式。紫晶形成的地质条件非常苛刻，保存方式也很娇贵，太阳的长时间照射和高温烘烤都可能导致其褪色。

东周时期的紫晶在选料上浓淡不一，其选料多带有色带。我们拿在手里变换一个角度观察的时候多数能看到其颜色为层层分布，这与当代巴西紫晶颜色均匀分布的特点形成了鲜明对比，这也是区分真假的一个鉴定要素。（图332）

图332　东周时期各种造型的紫晶佩饰

第八节　造型之美

　　东周时期的水晶和玛瑙为什么只有造型艺术而没有纹饰工艺？硬度高难加工是首要的原因，另外水晶和玛瑙其全透明和似透非透的材质决定了纹饰在以它为载体的佩饰上难以展现出来，所以古人把它做成了素器。

　　素器具有一种简洁恬静的质朴美。素器追求的是对线条的精炼和取舍，素器之美在于用简练的线条勾勒出动人的造型之美，越是简单越发难，少一笔欠缺，多一笔冗余，精简干练，简约而不简单。对于造型而言，线条是最朴实最原始的语言，对线条的驾驭能力能直接反映出创作者的艺术造诣，大巧不工，造型本身就是一种工艺。

　　当我们面对这些承载着厚重的历史的珠玉的时候，要设身处地地站在几千年前的社会环境和生产技术下去理解和释读，而不是从现代的科技时代的角度去看待，玛瑙硬度高、开采难度大，在没有电动工具的"砣具时代"，有"一砣玛瑙一砣金"的说法。玛瑙的摩氏硬度达到7，这是一个很高的硬度，在那个时代的技术下，在如此坚硬的物质上加工出这种犀利的造型本身就是一种不可思议的创举。东磨磨西蹭蹭做出来的东西必然是棱角模糊，软弱无力。这种线条犀利的造型的背后是古人坚韧不拔、锲而不舍的意志的表达。
（图333）

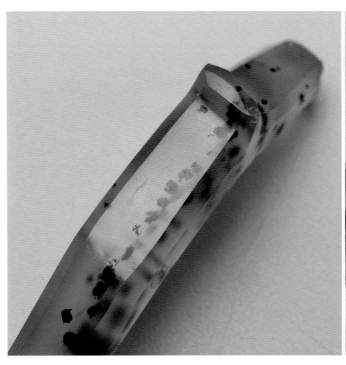
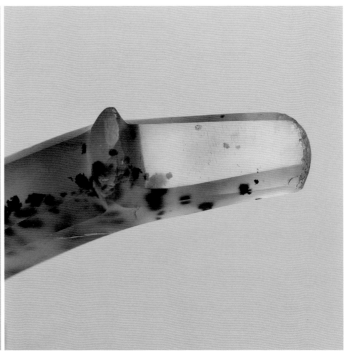

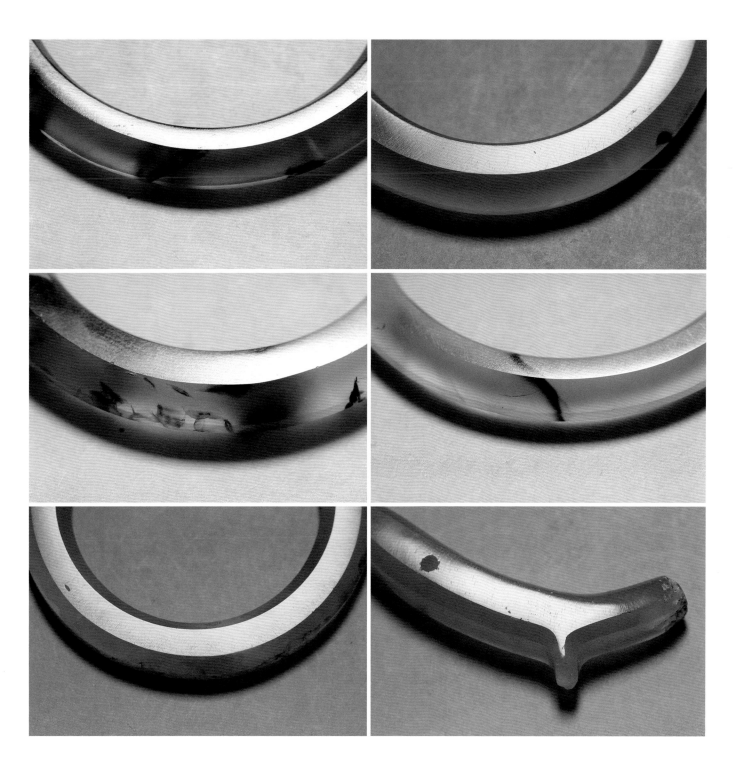

　　时代文化的产物往往携带了当时的风俗习气，这种社会形态会反映在同时期的方方面面，包括反映在水晶、玛瑙和玉器上面。一个时代的文物代表了一个时代的风骨。如同唐朝的繁花锦簇代表着盛唐吸纳包容的气象一样，东周时期水晶、玛瑙佩饰坚毅的外表、内敛的光泽、细腻的质地和犀利的棱线转角则代表了先秦古人刚直不阿的民风气节，这些点、线、面的结合，刚柔并济，犀利而又不棘手，似乎映射着东周列国时期的古人的肝胆侠骨，如同义薄云天的侠客侯嬴、朱亥，秉笔直书的齐太史，士为知己者死的豫让一样，刚烈而又不失道义。

　　对于玛瑙的审美，我们不能仅仅停留在色彩之美上，还要关注它的质地之美、造型之美，但是更应关注的是它的半是天然，半是人工，文化与历史纵横交织的多重文物之美。每件文物都蕴含着古人的智慧和汗水，凝聚的是一个时代历史、文化、艺术的精华，是我们一窥那个时代的窗口，哪怕是再普通的一件文物，都值得我们去倍加珍惜。

后 记

　　不立则不破，而破的目的是为了真知。书稿完成后，我的心情还是比较忐忑的，一方面希望我的观点是正确的，这样读者不会被误导；另外一方面也希望我的一些论据被考古实物所推翻，因为得到一个真实的答案远比论据被推翻重要得多。

　　对于文物的考证，有两种模式，一种是顺向考证，另外一种是逆向推理。举个例子：一棵大树被人放倒了，我们没有见证大树被放倒的过程，那么我们是不是就永远无法知道这棵树是被斧头砍倒的还是被锯子锯倒的呢？答案是否定的，其实我们完全可以通过观察大树的断口状态来推断放倒大树的人用的工具是斧头还是锯子，因为这两种工具留下的痕迹是不一样的。同样的道理，我们没法见证古人加工水晶、玛瑙的过程，但是我们可以通过水晶、玛瑙上面残留的痕迹来做一些推断，尤其是一些残次品和半成品。考古与刑侦是一脉相承的，考证的过程就是一个慢慢抽丝剥茧的破案的过程。本书的内容主要就是秉持此观念，以东周时期的一些水晶、玛瑙半成品，以及一些有瑕疵和残缺的标本为介入点，对这个时期的此类文物做了一些研究与推理，希望能给予大家一定的知识了解或者能帮助解惑。同时积极响应国家号召，全力以赴地投身于中国古代文化与收藏事业，希望能为这个领域的考证与研究增添一份绵薄之力。

　　刚接到写这本书的任务的时候，还是有挺大压力的，生怕写不出来或者写不好，包括对这本书文体的定性，写得太市井了，显得不严谨，写成学术报告模式又显得太枯燥乏味，于是折中了一下，取了两者之间的一种模式，在其中又穿插了一些历史传说和故事，包括一些自己考察过程中的故事插曲，尽我所能地表达出我想传达的观念的同时又让大家读起来不至于太乏味。

书的文字部分的整理花费了两年时间，但是里面汇聚了笔者十多年的研究、考证与推理。这期间考察过很多遗址，参观过众多博物馆，上手过很多实物标本，有时候为了一张照片资料辗转数百公里，无论严冬酷暑，累并快乐着。本书更多的是在有限的考古资源中根据一些痕迹推理，提出了诸多的可能性，供广大爱好者与学者探讨，最终结果还有待考古前线，尤其是将来发掘的相关作坊遗址慢慢地一步步去证实。

本书在整理成册的过程中尤其感谢广西美术出版社李钟全老师的督促和鼓励，摄影师骆阳能先生的辛苦付出，中科院李青会教授、西安建筑科技大学博士生导师顾清华先生的检测和指导，绘图师李郭胤、张浩、洪子渊的大力协助，以及国内外广大摄影爱好者、收藏爱好者的支持。

以下为答谢名单（按照姓氏笔画排序）：

于永超、王文、王进、王永娟、王灿玥、王秋人、平如恒、叶翱瑀、边慧娟、朱斌、任哨奇、刘玫、刘凯、刘琦、刘仲龙、刘艳凤、刘曼曼、关效明、关淑文、孙伟、孙传杰、孙秉军、杨力旭、李帅、李超、李大捷、李长江、李青会、李郭胤、李瑞敏、宋阳、张浩、张鉴、张黎、张鲨、张丰麟、张祥亮、陈龙、陈尧、陈光、陈建伟、罗琦、周艳、周大雪、周永谦、段正刚、洪艺宁、贺凯、贺柳、袁荣亮、顾清华、黄松涛、康杰、董磊、覃航海、谢方、路洪智、蔡丽君。

王炜

2021年6月18日

图书在版编目（CIP）数据

东周遗珍：春秋战国水晶玛瑙佩饰 / 王炜著. --南宁：广西美术出版社，2022.3
ISBN 978-7-5494-2485-6

Ⅰ.①东… Ⅱ.①王… Ⅲ.①水晶—中国—春秋战国时代②玛瑙—中国—春秋战国时代③首饰—中国—春秋战国时代 Ⅳ.①K876.82

中国版本图书馆CIP数据核字（2022）第030661号

东周遗珍——春秋战国水晶玛瑙佩饰

DONGZHOU YIZHEN—CHUNQIU ZHANGUO SHUIJING MANAO PEISHI

王 炜 著

学术支持	杨力旭　刘　琦
	关效明　顾清华
绘　　图	李郭胤　张　浩
	洪子渊

出 版 人	陈　明
策划编辑	梁秋芬
责任编辑	钟志宏　黄　喆
助理编辑	覃　祎
装帧设计	刘艳凤
摄　　影	骆阳能
校　　对	吴坤梅　卢启媚　梁冬梅
审　　读	肖丽新
责任监制	黄庆云　莫明杰
出版发行	广西美术出版社
社　　址	广西南宁市望园路9号
邮　　编	530023
网　　址	www.gxmscbs.com
制　　版	广西朗博文化发展有限公司
印　　刷	雅昌文化（集团）有限公司
开　　本	889 mm×1194 mm　1/16
印　　张	22
字　　数	450千字
版　　次	2022年3月第1版
印　　次	2022年3月第1次印刷
书　　号	ISBN 978-7-5494-2485-6
定　　价	280.00元